Annie Besant

Der Pfad zum Tempel der Weisheit

Annie Besant

Der Pfad zum Tempel der Weisheit

Edition ADYAR

2. Auflage 2003

Titel der englischen Originalausgabe: *In the Outer Court*

Layout: Annette Wagner

ISBN 3-89427-238-4

Druck: Ebner & Spiegel • Ulm

Inhalt

VORWORT

Den Inhalt dieses Buches bilden fünf Vorträge, die Annie Besant vor der Theosophischen Gesellschaft in London zum Thema der „Esoterische Schülerschaft" hielt. Dem Brauch der damaligen Zeit gemäß, enthielt der Originaltext vielfältige rhetorische Ausschmückungen und Wiederholungen, die im Vortrag illustrativ und eindrucksvoll waren, beim Lesen das Erfassen des Zusammenhanges aber eher erschweren würden. Für die vorliegende Ausgabe in Buchform wurde der Text daher etwas gestrafft, ohne jedoch seine stilistischen Charakteristika zu verändern, die aus dem Augenblick heraus schöpferisch gestaltete, inspirierende Worte und nicht sorgfältig überdachte schriftliche Äußerungen darstellten.

1. LÄUTERUNG

Wenn es möglich wäre, uns in Gedanken in ein Zentrum im Raum zu versetzen, von dem aus wir den Verlauf der Entwicklung sehen und die Geschichte unserer Evolutionsstufe studieren könnten, mehr wie sie sich unserer Phantasie bildhaft zeigt, als so, wie sie physisch, astral und mental wirklich ist, dann würde, glaube ich, ein solcher Ausblick auf die sich entwickelnde Menschheit uns etwa folgendes Bild geben. Wir sehen dann einen großen Berg vor uns, mit einer Straße, die sich in Spiralen um denselben bis zum Gipfel herumwindet. Solcher Windungen um den Berg herum gibt es sieben, und auf jeder Windung sehen wir sieben Stationen, an denen die Wanderer eine Weile stehen bleiben. Verfolgen wir diese Straße aufwärts, so sehen wir, wie sie am Gipfel des Berges endet und dort zu einem in weißem Marmor erstrahlenden Tempel führt, der dort oben steht. Dieser Tempel ist das Ziel der Wanderung, und diejenigen, welche sich in demselben befinden, haben ihren Aufstieg beendet – wenigstens soweit es diesen Berg betrifft – und sie verweilen nur noch dort, um jene zu treffen, die noch im Aufstieg begriffen sind. Wenn wir diesen Tempel näher betrachten, werden wir in dessen Mitte ein Allerheiligstes wahrnehmen und rundherum Höfe, vier an der Zahl, die das Allerheiligste als konzentrische Kreise umgeben. Diese befinden sich alle innerhalb des Tempels, und eine Mauer trennt jeden Hof vom nächsten. Um von Hof zu Hof zu gelangen, muss der Wanderer einen Torweg durchschreiten. Wer das Allerheiligste erreichen will, muss also diese vier Torwege nacheinander passieren.

Außerhalb des Tempels befindet sich noch

ein weiterer umschlossener Raum – der Vorhof – und in diesem Raum sind viel mehr Wanderer zu sehen, als im Tempel selbst.

Betrachten wir nun den Tempel und die Höfe und die Bergstraße, die sich hinaufwindet, so haben wir ein Bild der menschlichen Entwicklung vor uns, wir sehen den Weg, den die menschliche Rasse zu verfolgen hat, und den Tempel – ihr Ziel. Auf der Straße rings um den Berg befindet sich eine riesige Schar menschlicher Wesen, die zwar aufwärts steigen, aber nur langsam, Schritt für Schritt, höher kommen. Manchmal sieht es sogar so aus, als würde auf jeden Schritt vorwärts einer rückwärts erfolgen, und obwohl die Richtung, welche die ganze Schar einschlägt, nach aufwärts zielt, geht das Aufsteigen doch so langsam vor sich, dass kaum ein Vorwärtskommen bemerkbar wird. Diese sich über Äonen erstreckende Aufwärtsentwicklung der suchenden Menschheit erscheint so langsam, so ermüdend, dass man sich verwundert fragt, wie diese Wanderer überhaupt den Mut haben können, so lange zu wandern. Millionen von Jahren verfolgt jeder Wanderer diesen Weg, und es scheint dabei eine endlose Reihe von Leben zu verfließen. Wir ermüden schon beim Beobachten dieser Scharen, wie sie längs dieses spiralförmigen Weges Windung um Windung betreten, und wir fragen uns: Wie kommt es, dass sie nur so langsam vorwärts kommen?

Bei näherer Betrachtung will es uns scheinen, dass sie deshalb so langsam vorwärtskommen, weil sie ihr Ziel nicht sehen und die Richtung nicht erkennen, in der sie wandern. Wir sehen, wie der eine hier, der andere dort abschweift, da und dort von etwas angezogen wird und gleichsam planlos weiterschlendert. Er schreitet nicht gerade vorwärts, einem bewusst erkannten Ziele zu, sondern wandert hierhin und dorthin, wie ein Kind, das hier nach einer Blume schaut, dort einem Schmetterling nachjagt. So scheint die meiste Zeit vergeudet und nur wenig Fortschritt gemacht worden zu sein, wenn die Nacht hereinbricht und der Tagesmarsch eines Wanderers zu Ende ist. Auch der Fortschritt des Intellektes scheint bei der Langsamkeit, mit der er vor sich geht, den Prozess nur wenig zu beschleunigen.

Man wundert sich, warum von der Masse der Wanderer fast niemand aufwärts blickt und sich die Richtung klar macht, in die sie ihr Pfad führt. Denn der Vorhof des Tempels scheint nicht allein auf der Straße zu erreichen zu sein, die sich so oft um den Berg herumwindet; bei näherem Zusehen werden wir vielmehr gewahr, dass von vielen Punkten der spiralförmigen Straße Pfade abzweigen, die steil aufwärts führen, die erklommen werden können, wenn der Steigende ein tapferes Herz und kräftige Glieder hat. Wir sehen auch da und dort Einzelne, die sich auf diesen Aufstiegen abmühen. Wie sind sie auf diesen Pfad gelangt?

Der weiße Tempel am Gipfel des Berges sendet allezeit sein Licht über den ganzen Berg aus, aber die Menschen schauen nicht empor. Wenn aber einer der Wanderer, nachdem er viele Jahrtausende hindurch um den Berg gewandert ist, einmal sein Auge wegwendet von den Blumen, den bunten Steinen und den Schmetterlingen auf seinem Weg und den Blick emporhebt zu dem weißen Tempel, dann wird er zum ersten Mal auf seiner Reise einer Bedeutung gewahr. Auch wenn es nur einen Augenblick lang ist, dass er den Gipfel gesehen und das Ziel seiner Reise erkannt hat, so ist seine Seele doch verwandelt. Sie weiß nun, was das Ziel ist, sie weiß, dass es einen kürzeren Pfad gibt, und sie versteht auch, dass dieser kürzere Pfad einen Namen hat, der „Dienen" heißt, und diejenigen, die diesen kürzeren Pfad betreten wollen, durch eine Pforte hindurchschreiten müssen, auf der die Losung „Diene der Menschheit!" erstrahlt. Der einzige Grund, um rascher aufwärts zu klimmen, ist der, dies um jener willen zu tun, die zurückbleiben, damit von dem Tempel den Wanderern wirksamere Hilfe herabgesandt werden kann, als es sonst möglich wäre.

Das erste Mal ist diese Erkenntnis wohl nur ein Aufblitzen. Es gibt so viele anziehende Dinge, die an der gewundenen Straße liegen, dass der Blick der Seele leicht wieder auf diese hingelenkt wird. Aber dieser erste Lichtblick wiederholt sich; und mit der Zeit wird der Schimmer, den die Seele vom Tempel erhascht, immer heller. Unter dem Eindruck, dass das Leben doch einen bestimmten Sinn und Zweck hat, beginnt sie mit größerer Entschlossenheit ihren Weg zu verfolgen, auch wenn sie noch auf der gewundenen Straße bleibt. Sie nimmt sich vor, das auszuüben, was wir Tugenden nennen, und sich standhafter dem hinzugeben, was wir als Religion bezeichnen. Jene Lehre versucht, den Strebenden zu sagen, wie sie emporklimmen können und wie der Tempel schließlich zu erreichen ist. Dadurch gelangen sie allmählich an die Spitze der endlosen Scharen, welche die Straße hinansteigen. Sie beginnen nun auch, mehr und mehr ihren Gefährten auf dem Weg zu helfen und sie an ihrer Seite rascher voranzubringen.

Gemeinsam mit diesen Weggefährten, denen sie so in Liebe dienen, treffen sie jetzt auf eine Gestalt voller Ernst und Schönheit, die zu ihnen spricht und ihnen etwas von dem kürzeren Pfad sagt. Diese Gestalt ist die Erkenntnis, die beginnt, ihnen etwas von den Bedingungen eines rascheren Fortschreitens zuzuflüstern. Die Erkenntnis, die eine Schwester der Religion ist, die sie in der Ausübung der Tugenden unterstützt hat, und zugleich eine Schwester des Dienstes für die Menschheit. Unter der Obhut dieser drei beginnt nun die Seele nicht bloß von einer größeren Zukunft zu träumen, sondern in klarer werdender Erkenntnis diesen Traum zu einer bestimmten Absicht zu gestalten. Von den Lippen der Seele ertönt nun mit wohldurchdachter Überlegung das Versprechen, mitzuhelfen am Fortschritt der Menschheit.

Es steht in einer Schrift geschrieben, dass einer der Großen, der den kürzeren Weg betreten, der den steileren Pfad erstiegen und ihn so rasch erklommen hat, dass er alle anderen hinter sich ließ, – der in späteren Zeitaltern als der Buddha bekannt wurde –, sein Gelübde Zeitalter auf Zeitalter hindurch gehalten habe. Aber das große Werk, das sein Leben krönen sollte, musste mit dem Versprechen des Dienens beginnen. Dieses Gelübde ist es, das die

Seele mit den Großen verbindet, die ihr vorangegangen sind, dieses Gelübde ist es, welches das Verbindungsglied bildet, das sie zu dem Prüfungspfad hinzieht, der sie in den Vorhof des Tempels und durch diesen hindurch zur Pforte des Tempels selbst führt.

Wenn bei einer Seele nach manchem Leben des Strebens dieser Wille zum Dienen aus einem bloßen Flüstern der Seele zu einer klar erkannten Absicht geworden ist, kommt der Zeitpunkt, in dem diese Seele, reiner und weiser geworden, den Mut aufbringt, die gewundene Straße zu verlassen und einen Pfad zum Aufstieg zu benützen, der direkt aufwärts zum Allerheiligsten führt. Es ist eine gewaltige Aufgabe, die sie damit auf sich nimmt, versucht sie doch nicht weniger, als das, zu dessen Ausführung die Menschheit Tausende von Leben benötigt, innerhalb eines Zeitraumes von wenigen Leben zu vollbringen. Man könnte fast sagen, sie sei sich ihrer Göttlichkeit bewusst geworden, denn dies ist sicherlich eine Aufgabe, die würdig eines göttlichen Wesens ist.

Auf diesem Pfad gelangt die Seele dann zu der Pforte, die in den Vorhof des Tempels führt. Mit entschlossenem Willen klopft sie an die Pforte und verlangt mit einem Pochen Einlass, das keiner überhören kann, denn es birgt in sich die Stärke der Seele, die zur Ausführung ihres Vorhabens entschlossen ist und weiß, was sie auf sich genommen hat. So öffnet sich die Pforte des Vorhofes, um sie einzulassen – und die Seele tritt ein. Durch diesen Vorhof muss sie nun hindurchschreiten, Schritt für Schritt, bis sie zu den Pforten gelangt, die in das Innere des Tempels führen, den Pforten, die die großen Einweihungen darstellen.

Ist sie durch die erste dieser Pforten geschritten, dann ist sie in das Innere des Tempels eingetreten, um ihn nie wieder zu verlassen.

Jetzt steht sie erst an der Schwelle des Vorhofes. Was wird hier ihre Arbeit sein? Wie wird ihre Lebensführung beschaffen sein müssen, damit sie würdig wird, an das Tor des Tempels zu pochen? Dies ist der Gegenstand, mit dem wir uns nun zu beschäftigen haben. Ich weiß, dass manches, was darüber zu sagen ist, nicht anziehend, manches sogar abstoßend erscheinen wird. Es ist schon hart genug, den Weg zum Vorhof des Tempels zu finden und alle jene Tugenden zu üben, welche die Menschenseele fähig machen, an seine äußere Pforte zu klopfen. Denn niemand gelangt dorthin, der sich nicht endgültig dem Dienen gewidmet hat, der nicht die flüchtige Natur der irdischen Dinge klar erkannt, der blumenreichen Straße, die den Berg umschlingt, den Rücken gekehrt und den bestimmten Entschluss gefasst hat, gerade aufwärts zu klimmen, unbekümmert um die Anstrengungen, die jeder Tag des Lebens in rascher Folge bringt. Im Vorhof selbst aber heißt es zu kämpfen, mit großem Mut zu kämpfen, denn viel muss dort errungen werden innerhalb einer kurzen Spanne Zeit.

Die folgende Einteilung dieser Arbeit ist nur eine willkürliche. Es sind nicht aufeinanderfolgende Schritte, die durch den Tempelhof führen, es muss vielmehr gleichzeitig an allen gearbeitet werden, lediglich der klareren Erläuterung halber werden sie hier in die Abschnitte „Läuterung", „Gedankenbeherrschung", „Charakterbildung", „Spirituelle Alchemie" und „An der Schwelle" geteilt, um sie besser verstehen zu lernen. Aber während aller Leben, welche die Seele im Vorhof verbringt, muss sie gleichzeitig an ihnen allen arbeiten, sie muss sie nicht vollständig bemeistert haben, aber sie muss sie wenigstens teilweise erlernt haben, ehe sie die Pforte des Tempels selbst, die Pforte der ersten Einweihung, erreichen kann.

Einen Teil ihrer Arbeit muss also die Läuterung bilden, die Läuterung der niederen Natur, bis jeder ihrer Teile harmonisch mit der höheren schwingt, bis alles das rein geworden ist, was zum zeitlichen Menschen gehört, zu dem, was wir seine Persönlichkeit nennen - das, was nicht die bleibende Individualität selbst ist, sondern die Stimme der Eigenschaften und Merkmale, die sie sich im Laufe der einzelnen Inkarnationen erworben hat, die Gewänder, in die sie sich kleidet und die sie oft Leben auf Leben mit sich führt, alles, was sie wieder aufnimmt, wenn sie zur Verkörperung zurückkehrt, was sie während der Verkörperung um sich ansammelt und woraus sie dann die Essenz zieht, um sie in ihr stets wachsendes, ewiges Selbst einfließen zu lassen.

Ein Ausdruck, der die Haltung der Seele in dem Augenblick, in dem sie bewusst in den Vorhof eingetreten ist, richtig beschreibt, ist

„treue Gefolgschaft dem höheren Selbst gegenüber". Es bedeutet den wohlüberlegten Entschluss, alles aufzugeben, was zeitlich ist und der niederen Persönlichkeit angehört, und jedes Leben in dieser niederen Welt nur dem Zweck zu widmen, nützliches Material zu sammeln, um es dem höheren Selbst zu übergeben, das von dem, was das niedere sammelt, lebt und dadurch wächst. Es bedeutet auch, als zeitlicher Mittler zu wirken, um alles das zu sammeln, dessen das bleibende Selbst bedarf, das ja sein eigentliches Wesen ist, und das dadurch in die Lage versetzt wird, die ständig wachsende Individualität aufzubauen, die höher steht als die Persönlichkeit eines einzelnen Lebens. „Treue Gefolgschaft dem höheren Selbst gegenüber" bedeutet die Anerkennung dieser Verpflichtung seitens der Persönlichkeit sowie die Erkenntnis, dass das niedere Ich nicht mehr für sich selbst zu leben hat, sondern dem zu dienen verspricht, das von Dauer ist. So ist das ganze Leben im Vorhof ein Leben entschiedener Treue gegenüber dem höheren Selbst, die ganze Arbeit eine Arbeit für das Größere, das nun als das wahre Selbst erkannt wurde, das die Jahrtausende überdauert. Durch diesen bewussten Dienst des in die äußere Welt entsandten Boten wird die wahre Individualität zu immer vollerem Leben entfaltet werden.

Das, was in den großen heiligen Schriften der Welt manchmal als Vorbereitung für eine erfolgreiche Suche nach der Seele bezeichnet wird, muss hier schon hinter der Seele liegen. In einer der Upanischaden heißt es, wenn ein Mensch seine Seele finden will, muss er zuerst „von bösen Wegen ablassen". Dies muss die Seele bereits getan haben, ehe sie den Vorhof betreten hat. Über die gewöhnlichsten Versuchungen des irdischen Lebens muss sie schon hinausgewachsen sein. Auch wenn ihr Gewissen, das ja keineswegs bereits vollkommene Erfahrung besitzt, noch manchmal Missgriffe bei seiner Wahl macht und falsch wählt, so wird es doch zumindest schon eifrig bestrebt sein, die richtige Wahl zu treffen. Das niedere Selbst wird dieser Stimme nicht mit Vorbedacht zuwiderhandeln, denn wer dies tut, ist noch nicht reif, den Vorhof zu betreten. Die Seelen, die sich dort befinden, haben mindestens die Wahl getroffen, nach dem Rechten zu streben. Sie werden dieser Stimme gerne gehorchen und nicht vorbedacht ungehorsam sein.

Im Vorhof aber werden sie es mit feineren und größeren Versuchungen zu tun haben. Hier, im Tempelbereich, haben sie weder die Möglichkeit, spielerisch mit Versuchungen umzugehen, noch die Zeit, Tugenden allmählich auszubilden. Hier werden sie vor allem intellektuelle Versuchungen finden – die Versuchung zu intellektuellem Ehrgeiz oder Hochmut, zur Erlangung von Wissen aus Eigennutz, das mehr gegen die Welt gerichtet ist, als für sie zu wirken. Diese Versuchung verkleidet sich gerne als Liebe zum Wissen und zur Wahrheit um ihrer selbst willen, aber wenn das Auge der Seele schärfer und klarer geworden ist, findet sie oft, dass diese vermeintlich hochstrebende Liebe nur der Wunsch ist, sich von seinen Mitmenschen abzusondern, etwas zu besitzen und zu genießen, was sie nicht haben. Diese Absonderung ist eine der großen Gefahren für die wachsende Seele. Aber wenn sie den Vorhof durchschreiten und jemals die Pforte, die am anderen Ende leuchtet, erreichen will, muss sie sich von all diesem intellektuellen Ehrgeiz und Hochmut, von allem Verlangen nach Wissen für sich selbst, von allem, was sie von ihren Bruderseelen scheidet, befreien. Sie wird unter dem Einfluss des Lichtes, das aus dem Tempel strahlt, beginnen, ihre intellektuelle Natur zu läutern und die Beweggründe ihres Handelns zu überprüfen. In diesem Licht spirituellen Lebens wird sie erkennen, dass manche Dinge, die in den niederen Welten hell aussehen, in Wirklichkeit nur Schatten sind und keine Strahlen von Licht. Sie wird sich darüber klar werden, dass die Wunschnatur, die sie mitgebracht hat und die sich mit dem Intellekt verbindet, von jeder Spur des persönlichen Ichs gereinigt werden muss. Sie wird dieses Werk der Reinigung wohlüberlegt beginnen und sich von allem läutern, was sie von jenen, die unter ihr sind, und von jenen, die über ihr sind, trennt. Denn eine der Lektionen des Vorhofes ist es, dass sie lernen muss zu erkennen, dass es nur einen Weg gibt, das Tor des inneren Tempels zum Aufspringen zu bringen, nämlich jenen, den Wall niederzureißen, der sie von den Gefährten trennt, die unter ihr sind. Dann verschwindet auch der Wall zwischen ihr und jenen, die höher stehen als sie. Die Pforte des Tempels öffnet sich nur dem, der die Wände seiner eigenen Natur niedergerissen hat und gewillt ist, alles, was er erwirbt, mit anderen zu teilen.

Auf welche Weise soll der Mensch nun dieses Läuterungswerk vollbringen? Er will nichts zerstören; denn was er gesammelt hat, ist Erfahrung, und diese Erfahrung ist zu Fähigkeiten entfaltet und in Kraft verwandelt worden; und er braucht nun alle diese Kräfte, die er während des Aufwärtsklimmens gesammelt hat, und er will sie darum mitnehmen, nur geläutert von ihrer bisherigen Unreinheit. Aber wie soll er sie läutern? Es würde viel leichter sein, sie zu vernichten, es würde viel weniger geduldige Arbeit erfordern, einige Eigenschaften, die er hat, einfach auszurotten; und er fühlt, dass er dies auch vermöchte. Aber auf solche

Weise kann er nicht in den Tempel gelangen, denn er muss alles, was er in seiner Vergangenheit gesammelt und in Kraft und Fähigkeiten verwandelt hat, dorthin mitnehmen und es an der Tempelschwelle als Opfer darbringen. Er darf nicht mit leeren Händen kommen. So darf er nichts vernichten, er muss die härtere Arbeit der Läuterung durchführen, er muss das Wesen aller dieser Eigenschaften bewahren, aber alles Persönliche von ihnen abstreifen. Von allem, was er durch Tugend und Laster gelernt hat, von allen Erfahrungen, die er auf seiner Wanderschaft gemacht hat, muss er das Wesen mit sich nehmen als Ergebnis seines geistigen Weges. Nur muss er es als reines Gold zum Altar bringen, und keine Schlacke darf daran haften.

Wir wollen zwei von diesen Eigenschaften herausheben, um daran klar zu erkennen, was Läuterung bedeutet.

Fassen wir zuerst die mächtige Kraft ins Auge, die auf ihrer niedersten Stufe als Zorn, Ingrimm und Wut erscheint, jene furchtbare Kraft, mit deren Hilfe der Mensch sich durch die Welt schlägt, mit der er kämpft und durch die er oft jeden Widerstand überwindet. Sie hat dem Menschen auf den frühen Stufen seiner Entwicklung, ehe er sie noch leiten und kontrollieren konnte, oftmals durch Schwierigkeiten einen Pfad gebahnt, wenn auch als undisziplinierte und darum zerstörende Energie. Schon ehe der Mensch den Vorhof betrat, hat er den Charakter dieser Energie verändert. Er hat sie in eine Tugend verwandelt, die in der äußeren Welt unter verschiedenen Namen erschien – als edle Entrüstung, als zorniges Kämpfen gegen Ungerechtigkeit oder als Hass gegen alles, was unrecht, gemein, niedrig oder grausam ist. In all diesen Formen zerstörender Energie leistete sie in der äußeren Welt gute

Dienste. Denn dieser Mensch arbeitete, schon ehe er in den Vorhof kam, für die Welt. Sooft er Grausamkeit sah, mit der man gegen Schwache verfuhr, oder die Ungerechtigkeiten eines Tyrannen, brach diese Leidenschaft aus ihm hervor, und er erhob sich gegen sie. Dabei hatte er sie schon von den meisten ihrer Schlacken gereinigt. Denn anfangs war es, wenn er zornig wurde, ein Zorn für sich selbst gewesen, er war zornig, wenn *er* beleidigt wurde, und wenn man nach *ihm* schlug, schlug er zurück. Dieses Stadium hat er nun schon lange hinter sich. Schon bevor er den Vorhof betrat, hat er die Energie des Zornes verwandelt und bis zu einem gewissen Grad von dem persönlichen Element gereinigt. Er hat gelernt, weniger deshalb zornig zu werden, weil er selbst beleidigt wurde, als vielmehr darum, weil jemand anderem Unrecht geschah; weniger deshalb unwillig zu werden, weil er selbst zu leiden hatte, als vielmehr darum, weil einem anderen Leid zugefügt wurde. Sooft er sah, dass ein hilfloses Geschöpf von einem grausamen Menschen mit Füßen getreten wurde, sprang er hinzu, um dieses Geschöpf zu befreien und sich dem Missetäter entgegenzuwerfen. So hat er mit dem höheren und edleren Zorn den niederen überwunden. Er war ein Mensch geworden, der das Dienen als Pflicht erkannt hatte, und eine seiner Arten zu dienen war es, Unterdrücker niederzuwerfen und die zur Seite zu stoßen, die Leiden verursachten. Er wirkte für die Schwachen und vollbrachte vielleicht das Werk eines Helden in der Welt.

Aber in der ruhigeren Atmosphäre des Tempelhofes, der von den Strahlen des absoluten Mitleides erleuchtet wird, die aus dem Allerheiligsten kommen, ist kein Platz mehr für Zorn irgendwelcher Art, selbst wenn dieser von jeder persönlichen Feindschaft gereinigt ist. Denn der Strebende hat nun zu lernen, dass auch die, welche Unrecht tun, seine Brüder sind und sich durch ihr Unrecht selbst mehr schaden als den Mitmenschen, denen sie die Übel zufügen. Er hat zu lernen, dass seine edle Entrüstung, dass seine leidenschaftlichen Ausbrüche gegen Unrecht und Tyrannei nicht die charakteristischen Merkmale einer Seele sind, die dem Göttlichen zustrebt; denn das göttliche Leben liebt alle seine Kinder, die es in die Welt sendet, gleichgültig wo sie stehen und wie niedrig der Grad ihrer Entwicklung ist. Die göttliche Liebe, aus der alles hervorgegangen ist, schließt nichts von sich aus. Das göttliche Leben ist der innerste Kern alles Existierenden, und im Herzen des Missetäters ist Gott ebenso gegenwärtig wie im Herzen des Heiligen. Im Vorhof muss das Göttliche erkannt werden, gleichgültig wie dicht auch die Schleier sein mögen, die es verhüllen; denn hier müssen sich die Augen des

Geistes öffnen, und kein Schleier darf mehr zwischen ihm und dem Selbst anderer Menschen sein. Diese edle Entrüstung muss darum geläutert werden, bis sie von jedem Element des Zorns gereinigt und in eine Energie verwandelt ist, die nichts aus dem Bereich ihres Helfens ausschließt, in eine Energie, die absolut rein ist, die dem Tyrannen ebenso hilft wie dem Sklaven; denn die Erlöser der Menschen treffen keine Auswahl, wem sie dienen wollen – ihr Dienst kennt keine Grenzen, sie sind die Diener aller und hassen niemanden im ganzen Universum. Das, was einst Zorn war, muss durch diese Läuterung zu einem Schutz der Schwachen werden, zu unpersönlichem Widerstand gegen grobes Unrecht und zu vollkommener Gerechtigkeit für alle. Und so, wie er mit dem Zorn verfährt, muss er auch mit der Liebe verfahren, mit der Liebe, die sich, als seine Seele am Anfang ihrer Entwicklung stand, in ihrer niedrigsten Form zeigte, in einer Form, die schmutzig war, da sie nur an ihre eigene Befriedigung dachte und sich oft kaum darum kümmerte, wie es denen erging, die sie liebte. Als dann die Seele reifte, änderte auch die Liebe ihren Charakter. Sie wurde weniger persönlich und weniger selbstsüchtig, sie richtete sich auf die höheren Elemente des Geliebten und nicht mehr nur auf seine äußere Hülle. War sie ursprünglich rein sinnlich, erhielt sie nun einen sittlichen Charakter. Wenn nun der Kandidat in den Vorhof des Tempels eintritt, muss seine Liebe noch weiter gereinigt werden. Er muss seine Liebe einbringen, aber sie muss begonnen haben, ihre Ausschließlichkeit zu verlieren. Seine Liebe muss immer stärker werden, aber ihre Wärme muss immer weiter strahlen und von allem gereinigt werden, was zur niederen Natur gehört. Wenn sie sich auf andere richtet, muss sie mehr bestrebt sein, diesen zu dienen als sich selbst, und mehr danach fragen, wieviel sie ihnen *geben* kann, als wieviel sie von ihnen *nehmen* kann. So wird sie zu einer Liebe, die ihrem Wesen nach göttlich ist, die sich verströmt nach dem Maß, in dem man ihrer bedarf, und nicht nach dem Maß, in dem sie erwidert wird.

Es gibt bestimmte Merkmale, an denen die Seele ihren Fortschritt in der Läuterung messen kann.

Findet sie, wenn sie dient und sich etwas auszuführen bemüht, was in ihren Augen gut scheint, bei näherer Prüfung ihres Handelns und ihrer Motive, dass sich das „Ich“ leise mit ihrer Energie vermischt, dass sie weniger nach dem Erfolg der Arbeit selbst als nach dem Erfolg des Ausführenden fragt, findet sie, wenn ihr eine Arbeit missglückt ist, diese Arbeit aber von einem anderen vollbracht wird, dass sich in den Becher der Freude über die vollbrachte

Arbeit ein Tropfen der Enttäuschung mischt, dann weiß sie, dass noch die Persönlichkeit in ihr lebendig ist, denn wenn es so wäre, wie es sein sollte, dann würde ihr nur der Triumph des Dienstes wichtig sein, und nicht, was sie dazu beitrug. Wenn sie findet, dass bei persönlichen Fehlschlägen ein Stachel der Enttäuschung zurückbleibt, eine Niedergeschlagenheit und Entmutigung, die für den Augenblick ihren heiteren Frieden umwölkt, dann zeigt ihr dies, dass in diesem Stachel und in dieser Wolke noch ein Teil der Persönlichkeit steckt, der beseitigt werden muss; und sie wird sich daran machen, auch diese Schwäche zu beseitigen und die Wolke vor den Augen der Seele zu vertreiben. Auch wenn sie fühlt, dass ihre Liebe sich in Enttäuschung abkühlt, wenn jene, auf die sie gerichtet ist, ihr gegenüber gleichgültig bleiben, obgleich sie ihnen in edler Weise diente – dann kann die Seele auch hierin eine verborgene Regung der Persönlichkeit sehen und erkennen, dass sie bei ihrem Wirken immer noch an sich selber denkt und ihre Freude nicht in der reinen Seligkeit des Gebens findet. Auch hier macht sich die Seele, die im Vorhof des Tempels wirkt, wieder an die Arbeit, um sich von diesem Rest des Persönlichen zu reinigen, bis ihre Liebe ausströmt, ohne je danach zu fragen, ob ihr irgendetwas erwidert wird; denn sie weiß, dass jene der Liebe am nötigsten bedürfen, die selbst noch nichts an helfender Liebe zu geben vermögen.

Auf solche Weise arbeitet die Seele bewusst an ihrem Wachstum, und sie vergleicht sich dabei prüfend nie mit denen, die unter ihr sind, sondern mit denen, die über ihr stehen. Sie erhebt ihre Augen zu jenen, die den Erdenweg vollendet haben. Sie gönnt sich keine Ruhe und kann niemals zufrieden sein, wenn sie nicht sieht, dass sie ihrem Ziel ständig näher kommt und mehr und mehr von dem Licht jener durch sie hindurchströmt, die ihre Göttlichkeit verwirklicht haben.

In diesem äußeren Hof des Tempels kommen die Versuchungen der Menschen von ihren Tugenden und nicht von ihren Lastern. Versuchungen täuschendster Art, die wie Engel des Lichtes erscheinen, treten an sie heran, und stets entsteht die Versuchung für diese vorwärtsstrebenden Seelen aus dem, was das Größte und Edelste in ihnen ist. Sie sind über den Punkt hinausgewachsen, wo Laster sie noch zu berühren vermögen. Nur ihre Tugenden können ihnen noch infolge ihres mangelnden Wissens zum Fallstrick werden. Die einzige Sicherheit für sie besteht darin, im Licht des höheren Selbst zu leben; sie erkennen, dass sie nicht wagen dürfen, vor das Tor des Tempels zu treten, ehe dieses Licht in ihnen erstrahlt, und sie bemühen sich, völlig durchlässig für dieses Licht zu werden. Denn wie dürften sie es sonst wagen, in dieses Licht einzutreten, gegen welches alles, was hier Licht heißt, als Schatten erscheint. Wie dürften sie es wagen, in ein Licht zu treten, in das kein unreines Auge zu schauen vermag, da seine Strahlen es blenden würden. Ein Licht, in dem alles, was wir Tugend nennen, unvollkommen, und alles, was wir Schönheit nennen, matt erscheint. Wie sollen sie es wagen, in den Tempel einzutreten, in dem die Augen des Meisters auf ihnen ruhen werden, in dem ihre Seele unverhüllt in seiner Gegenwart stehen wird. Wie können sie es wagen, dort zu stehen, solange noch ein Makel der Unvollkommenheit in ihrem Herzen ist, der die Reinheit seines Blickes beleidigt?

Darum werden Dinge, die in der Außenwelt schmerzlich sind, im Vorhof des Tempels zur Freude, und das Leiden, das zur Läuterung führt, ist der willkommenste Freund. Darum wird der Meister und Beschützer aller Yogis stets auf dem Verbrennungsplatz gezeigt, von Flammen umlodert, die alles verzehren, was sie berühren. In den Herzen derer, die sich im Vorhof befinden, gibt es immer noch Stellen, in die kein Licht gedrungen ist, und die schließliche Läuterung, ehe sie in den Tempel selbst eintreten, geht von diesen lebendigen Flammen des Herrn selbst aus. Sie verzehren alles, was unbemerkt noch in den Kammern der Herzen derer verborgen ist, die zu Jüngern werden sollen. Wer ein Jünger werden will, hat sich seinem Herrn ergeben und behält nichts zurück. Auf dem mächtigen Verbrennungsplatz vor dem Tor des Tempels lodert das flammende Feuer, das alle durchschreiten müssen, ehe sich die Pforte des Tempels für sie öffnen kann. Erst in diesem Feuer und jenseits desselben wird die Gestalt des großen Yogis erblickt, von dem diese Flammen ausgehen in all ihrer reinigenden Kraft. Von ihm, dem großen Guru, geht die schließliche Reinigung des Schülers aus, und er durchschreitet dann das Portal in das Tempelinnere, das ihn für immer von jedem Interesse an der niederen Welt abschließt, außer jenem, ihr zu dienen; das ihn von allem scheidet, was Menschen begehren, ausgenommen vom Wirken für ihre Erlösung. Es verbleibt nichts, was ihn auf Erden anziehen könnte, denn er hat das Antlitz seines Herrn erschaut, und vor diesem verblasst jedes andere Licht.

2 GEDANKENBEHERRSCHUNG

Über den Teil unseres Themas, mit dem wir uns jetzt zu beschäftigen haben, dürften wohl die Anschauungen eines besinnlichen, ausgeglichenen und ehrenhaften Weltmenschen und die Auffassungen eines Esoterikers weiter auseinandergehen als bei irgendeinem anderen Aspekt.

Um uns dies deutlich zu machen, wollen wir versuchen, uns zu vergegenwärtigen, wie ein guter, gerechter und intelligenter Mensch diese Frage der Beherrschung der Gedanken betrachten wird. Ein derartiger Mensch, der sich in überlegter Weise das Ideal eines tugendhaften Lebens gesetzt und sich Pflichten auferlegt hat, die zu erfüllen er sich bemüht, wird erkennen, dass das, was wir die niedere Natur nennen, ein Gebilde ist, das beherrscht werden muss. Dies wird für ihn nicht in Frage stehen. Wenn wir im gewöhnlichen Sprachgebrauch sagen, dass ein Mensch Selbstbeherrschung hat, haben wir einen solchen Menschen im Sinn, der eine mentale Kontrolle über seine niedere Natur ausübt, so dass sein Verstand seine Wünsche beherrscht. Auch wenn wir davon sprechen, dass ein Mensch einen starken Willen und einen festen Charakter hat, werden wir bei näherer Prüfung finden, dass wir darunter einen Menschen verstehen, dessen Intellekt derart entwickelt ist, dass er, wenn er sich für eine Handlung entscheiden soll, sich dabei nicht durch äußere Umstände, durch äußere Anziehungsmomente bestimmen lässt, sondern durch die Menge an Erfahrungen, die in dem aufgezeichnet sind, was wir sein Gedächtnis nennen. Sein Verstand hat alle diese Erfahrungen verarbeitet, geordnet und miteinander verglichen und ist in logischer Folgerung zu einem bestimmten Resultat gelangt. Dieses Resultat bleibt im Verstand als Verhaltensregel bewahrt, und wenn dieser Mensch dann später in Verhältnisse kommt, die verwirren, die einen so genannten schwachen Willen überwältigen und einen Durchschnittsmenschen irreführen könnten, wird dieser stärkere und entwickeltere Intellekt sich an die Verhaltensregeln halten, die er sich in Zeiten ruhiger Besinnung, in denen er nicht von Versuchungen umgeben und von Begehren erfüllt war, gesetzt hat, und er wird den Anziehungskräften und Impulsen des Augenblicks nicht gestatten, ihn von seinem Weg abzulenken. Wenn wir es mit einem solchen Menschen zu tun haben, können wir oft voraussehen, was er tun wird. Wir kennen die ihn beherrschende Gedankenrichtung und können ziemlich sicher sein, dass er, was immer für Versuchungen an ihn herantreten mögen, das Ideal verwirklichen wird, das er in Augenblicken der ruhigen Überlegung in sich aufgenommen hat. Ein solcher Mensch hat eine Stufe der Entwicklung erreicht, die durchaus nicht mehr niedrig ist, er wird stets nach einer edlen Richtschnur leben, gleichgültig welchen Versuchungen er begegnet.

Bis hierher haben wir nun einen Menschen betrachtet, den man als ehrenhaften Menschen von hohem Charakter, klaren Gedanken und gesundem Urteil bezeichnen kann. Aber es gibt noch eine weitere Stufe, auf die ein solcher Mensch gelangen kann. Er kann mit einer großen Lebensphilosophie in Berührung kommen, die ihm über Wesen und Wirken seiner Psyche weitere Aufschlüsse gibt. Nehmen wir zum Beispiel an, er käme mit den großen theosophischen Lehren in Berührung, sei es, dass sie ihm aus der alten Literatur Indiens, Ägyptens oder Griechenlands oder aus den modernen europäischen Büchern zukommen. Er wird sich dann weit mehr als früher über den ungeheuren Einfluss seiner Gedanken klar werden. Er wird zu begreifen beginnen, dass sein Verstand, wenn er in Tätigkeit ist, eine schöpferische Kraft ausübt, durch die er tatsächlich bestimmte Existenzen oder Wesenheiten schafft und sie in die umgebende Welt hinaussendet, wo sie Gutes oder Böses bewirken und oft das Denken und Leben von Menschen beeinflussen, mit denen er selbst gar nicht in Berührung kommt. Er wird zu verstehen beginnen, dass es, um das Denken und Fühlen anderer zu beeinflussen, durchaus nicht nötig ist, seine Gedanken in gesprochene oder geschriebene Worte zu kleiden, und er selbst auch gar nicht nach außen hin aufzutreten braucht, so dass sein gutes oder schlechtes Beispiel eine Macht wird. Er ist sich bewusst, dass er ein vom Standpunkt der Welt völlig unbedeutender und unbekannter Mensch sein kann, von dem die Öffentlichkeit nicht das Geringste weiß, ein Mensch, der nur mit einem ganz kleinen Kreis von Freunden und Verwandten in Berührung steht. Dennoch verfügt er, allein in seinen vier Wänden sitzend, über eine Kraft, die sowohl jene des gesprochenen oder geschriebenen Wortes als auch die des Beispiels übersteigt, und mit der er einen läuternden oder verderblichen Einfluss auf seine ganze Generation ausüben und zum Fortschritt der Welt beitragen oder ihm hindernd in den Weg treten kann. Die aktiven Gebilde seiner Gedanken, die in die Welt der Menschen hinausgehen, wirken um so kraftvoller, weil sie unsichtbar sind, so dass sie den Massen der Menschen, die von ihnen beeinflusst werden, unerkannt bleiben.

Mit dem Wachsen dieses Wissens wird das Denken für einen solchen Menschen eine neue Bedeutung gewinnen, und er wird sich vergegenwärtigen, wie groß die Verantwortung ist, die auf seinen Schultern ruht, einfach weil er diese Fähigkeit des Denkens ausübt. Er wird sich darüber klar werden, dass seine Verantwortlichkeit viel weiter reicht, als er es wahrnehmen kann, und er sowohl für die Verbrechen als auch für die heroischen Taten, die in der Gemeinschaft geschehen, der er angehört, verantwortlich ist. Er wird die große Grundwahrheit begreifen, dass der Mensch, der eine Handlung begeht, nicht voll und allein für alles Geschehen verantwortlich ist, sondern dass jene Tat eine Manifestation, ja wahrhaftig eine Inkarnation von Gedanken ist, und jeder, der an der Erzeugung dieser Gedanken beteiligt ist, auch an der Verantwortung für die Tat teilhat. Sobald er dies erfasst, wird er große Vorsicht in Bezug auf seine Gedanken walten lassen. Er wird sich darüber klar werden, dass er seine Gedanken beherrschen muss, und das geht schon über den Standpunkt hinaus, den unser vorhin betrachteter 'Normalmensch' eingenommen hat.

Wenn er dann weiter forscht, wird er erkennen, dass er nicht nur wegen seiner Verantwortung für die Beeinflussung anderer durch die Gedanken, die er erzeugt, eine gewisse Wahl treffen muss, sondern auch deshalb, weil die Natur der Gedanken, die er selbst erzeugt, auch im weitesten Maß die Art der Gedanken bestimmt, die er von der Außenwelt an sich zieht. Er ist nicht nur ein Magnet, der über die Fläche seines Magnetfeldes Gedanken-Kraftlinien aussendet, er zieht zugleich Substanzen an, die auf den von ihm ausgestrahlten Magnetismus reagieren. Ob sein Intellekt von edlen oder unedlen Gedanken erfüllt ist, hängt weitgehend von der Richtung ab, in der er seine eigene mentale Kraft ausübt. Er beginnt nun zu verstehen, dass er, wenn er einen guten Gedanken erzeugt, nicht nur seine Pflicht seinen Mitmenschen gegenüber erfüllt, sondern – und das geschieht immer, wenn der Mensch in Harmonie mit dem göttlichen Gesetz wirkt – durch das, was er gibt, auch selbst gewinnt. So oft er einen edlen Gedanken in die Welt sendet, schafft er in sich ein Zentrum der Anziehung, von dem edle Gedanken gewissermaßen durch magnetische Affinität angezogen werden, wodurch sein eigener Intellekt gestärkt wird und Tiefe erhält. Mit Schmerz und Scham erkennt er dann, dass im umgekehrten Fall, wenn er einen unreinen Gedanken aussendet, in seinem Bewusstsein ein ähnlicher Sammelpunkt errichtet wird, der niedrige Gedanken aus der Atmosphäre anzieht und dadurch seine eigenen unedlen Triebe verstärkt. Sobald ihm diese mentale Gedanken-Bruderschaft, die alle Menschen verbindet, klar geworden ist, verändert er seine mentale Haltung. Diese Verantwortung des Gebens und Nehmens erkennend, fühlt er die Fäden, die sich von ihm zu allen anderen ziehen und durch die auch er von allen Seiten gebunden ist, und er beginnt, sich in seinem täglichen Leben mehr mit den Gedanken als mit den Handlungen zu befassen; denn er versteht, dass in dieser Welt des Unsichtbaren alle die Kräfte erzeugt werden, die dann in das psychische und physische Leben hinabsteigen.

Aber noch ein weiterer Schritt steht ihm bevor, wenn er in den Vorhof des Tempels eintritt. Er ist nun auf der Prüfungsstufe des Pfades angelangt, der ins Innere des Tempels führt. Hier erkennt er, dass es noch etwas gibt, was hinter seinem Intellekt liegt, etwas, was größer ist als der Intellekt und zu dem der Intellekt in einem ähnlichen Verhältnis steht wie die Begierdennatur zum Verstand. Es wird ihm klar, dass dieser Verstand, der ihm in Tagen, die erst eine kurze

Strecke hinter ihm liegen, so machtvoll schien, als sei er der Beherrscher der Welt, nur demjenigen so erscheint, der ihn mit geblendetem Auge von unten aus betrachtet, wohingegen das klar gewordene Auge dessen gewahr wird, was es im Universum noch an Erhabenerem gibt, etwas, was sich ihm zuerst nur einen Augenblick lang zeigt und dann wieder verhüllt. Er wird sich, zunächst nur dunkel und unbestimmt, bewusst, dass er einen Schimmer der Seele selbst erblickt hat und in seinen Intellekt ein Lichtstrahl von etwas Höherem gefallen ist, von dem er aber dunkel das seltsame Gefühl hat, dass es identisch mit ihm, dass er es selbst ist. Zuerst entsteht dann eine Verwirrung in ihm. Er hatte zuvor gedacht, er sei der Intellekt, und nun scheint ihm, er sei dieses andere, dieses so viel Größere als der Intellekt. So weiß er zuerst nicht, woher dieser Strahl wirklich kommen mag und ob die Hoffnung, die er erweckt, nicht vielleicht nur ein Traum ist und nicht mehr.

Ehe wir selbst zur Klarheit über diese Tatsachen kommen können, müssen wir uns dessen bewusst sein, was wir unter den Worten „Verstand“ oder „Intellekt“ einerseits und „Seele“ andererseits verstehen, und was wir meinen, wenn wir von „Bewusstsein“ sprechen – oder zumindest was ich darunter verstehe, wenn ich sie anwende, damit das, was ich sage, klar wird, ob man nun mit den Definitionen übereinstimmt oder nicht. Ich definiere die Seele als das, was den universellen Geist individualisiert, was das universelle Licht in einem Brennpunkt sammelt, gewissermaßen ein Gefäß, in das der Geist gegossen wird, so dass das, was an sich universell ist, wenn es in dieses Gefäß gegossen wird, gesondert erscheint, zwar identisch mit seinem Wesen, aber in der Manifestation getrennt. Der Zweck dieser Trennung ist der, dass sich ein Individuum bildet und entwickelt, dass sich auf jeder Ebene des Universums individualisiertes Leben entfaltet und auf der physischen und psychischen Ebene ebenso wissend wird wie auf der spirituellen. Ein Individuum, das keine Unterbrechung seines Bewusstseins erleidet, sondern für sich Träger schafft, die es benötigt, um unterhalb seiner eigenen Ebene Bewusstsein zu erlangen. Diese Träger läutert es dann allmählich einen nach dem anderen, bis sie als reine, durchsichtige Werkzeuge wirken, mittels derer es auf allen Ebenen jegliche Kenntnis erlangen kann.

Aber das Wort „Gefäß" kann irreführend sein. Es zeigt sich hier die Schwierigkeit, die bei allen Ausdrücken besteht, die dem intellektuellen Denken angepasst sind, dass nämlich ein Bild, das in einem Punkt gut anwendbar ist, sich in einem anderen als irreführend erweist. Dieser Vorgang der Individualisierung besteht nämlich durchaus nicht darin, dass ein Gefäß geschaffen und dann etwas hineingegossen wird, was die Form des Gefäßes annimmt. Das, was dabei geschieht, ähnelt mehr der Art und Weise, in welcher sich ein Sonnensystem bildet. Wenn wir zurück in die Zeit blicken, können wir uns den Raum ohne etwas Sichtbares darin vorstellen. Wir können uns vorstellen, dass in diesen Raum, in dem nur scheinbar Leere herrscht, in Wirklichkeit aber Fülle, jedoch eine dem Auge unsichtbare Fülle, ein zarter Nebel einfällt, so zart, dass man ihn kaum Nebel nennen kann, aber es ist doch noch der am ehesten mögliche Ausdruck für die beginnende Formwerdung. Mit der Zeit wird dieser Nebel dichter und dichter, schließt sich enger zusammen und sondert sich mehr von dem Raum ringsum ab, bis schließlich das, was zuerst nur schwachen Schatten glich, eine Gestalt anzunehmen beginnt, die im weiteren

Verlauf immer bestimmter wird, bis schließlich aus dem dichter und dichter gewordenen und im Raum bestimmter abgegrenzten Nebel ein System mit einer zentralen Sonne und Planeten rundum entstanden ist. Ähnlich scheint, wenngleich etwas stümperhaft ausgedrückt, auch der Vorgang zu sein, durch welchen der Geist zur Individualisierung gelangt: Zuerst ist es, als erscheine ein schwacher Schatten in der universellen Leere, die die vollste Fülle ist, dann wird der Schatten zu einem Nebel, der mit dem Fortschreiten der Evolution immer klarere und bestimmtere Form annimmt, bis schließlich da, wo zuerst nur der schwache Schatten eines Nebels war, ein Individuum, eine Seele aufleuchtet. Dies ist, bildlich dargestellt, der Vorgang bei der Bildung eines individuellen Bewusstseins. Wir können aus diesem Bild entnehmen, dass diese Seele nicht etwas von Anfang an Vollkommenes ist, das wie ein Taucher in den Ozean der Materie eintaucht, sondern etwas, was sich ganz langsam bildet oder verdichtet und im Laufe der Entwicklung stetig wächst. Wir wissen, dass diese Seele von Leben zu Leben fortdauert, durch zahllose Jahrtausende hindurch. Sie ist das wachsende Individuum, und ihr Bewusstsein ist das Bewusstsein alles dessen, was im Vorgang ihres Wachstums hinter ihr liegt. Wenn eine neue Geburt wartet und neue Erfahrungen zu sammeln sind, dann sendet diese Seele, die durch lange Zeitalter hindurch gewachsen ist, einen Teil ihrer selbst in neue Gestaltungen, um weitere Erfahrungen für sich einzusammeln. Dieser nach außen, in die niederen Daseinsebenen strömende Teil ihrer selbst ist das, was wir im Menschen als den Verstand oder Intellekt bezeichnen; es ist jener Teil der Seele, der im Gehirn wirkt und auf dieses beschränkt ist, schmerzvoll an dasselbe gefesselt durch die Bürde des

Fleisches, die ihr Bewusstsein verdunkelt, da es durch diesen dichteren Schleier der Materie nicht hindurchdringen kann. Alle Größe, die wir als Intellekt kennen, ist nur dieser ringende Teil der Seele, der um seines Wachstums willen in diesem Gehirn arbeitet. Er zeigt dabei die Kräfte der Seele, denn er ist diese selbst, wenn auch eingehüllt in die Begrenzung der Materie. Der Verstand ist das, was sich von der Seele durch das Gehirn kundtun kann; manchmal wird sich viel kundtun und manchmal wenig, je nach der Stufe der Entwicklung. Aber der Mensch im Vorhof begreift, dass diese Seele sein Selbst ist und der Verstand nur ihre vorübergehende Manifestation. Er beginnt zu verstehen, dass ebenso wie der Körper und die Wunschnatur dem Verstand unterworfen werden müssen, der Verstand wiederum der großen Seele unterworfen werden muss, deren ausgesandter Repräsentant er nur für den Augenblick ist. Er ist nur ein Werkzeug, ein Organ dieser Seele, das nur um der Arbeit willen, die er ausführt, ins Dasein gelangte.

Wenn er sich über all dies klar wird, in welcher Lage befindet sich dann der geistige Sucher? Der Verstand lernt. Kommt er mit der äußeren Welt in Berührung, so sammelt er Tatsachen, ordnet sie und bringt sie in übersichtlichen Zusammenhang, bildet sich ein Urteil über sie und führt diesen intellektuellen Prozess bis zu Ende durch. Das Resultat dieser Tätigkeit wird nach oben, richtiger nach innen, in die Seele selbst weitergegeben. Das ist es auch, was die Seele nach dem Tod in den Devachan-Zustand mit hinübernimmt, um daran zu arbeiten und es in Weisheit zu verwandeln. Denn Weisheit und Wissen sind zwei sehr verschiedene Dinge. Wissen bedeutet, über eine Menge von Tatsachen zu verfügen, über sie zu urteilen und daraus Schlüsse zu ziehen.

Weisheit ist die aus allen diesen Tatsachen gezogene wesentliche Essenz, das, was die Seele aus allen diesen Erfahrungen gewonnen hat. Dem Suchenden, der nun erfasst hat, dass die Seele das „Ich" ist, geht jetzt ein Verständnis dafür auf, warum ihm gesagt wird, dass er zwischen seinem bleibenden Ich und dem Verstand zu unterscheiden hat, und warum er auf die Frage: „Mein Lehrer, was soll ich tun, um Weisheit zu erlangen? Was, oh Weiser, um Vollendung zu gewinnen?", die fremdartig klingende Antwort erhält: „Suche die Pfade! Aber, oh Jünger, lasse dein Herz rein sein, ehe du die Wanderung beginnst. Lerne, das Falsche vom Wahren, das ständig Fließende vom ewig Dauernden zu unterscheiden, ehe du den ersten Schritt tust."*)

Dann fährt der Lehrer fort, den Unterschied zwischen Gelehrtheit und Weisheit zu erklä-

* H.P.Blavatsky, Die Stimme der Stille.

ren – was Unwissenheit, was Wissen und was Weisheit ist, die auf die beiden ersteren folgt. Er zeigt den Unterschied auf zwischen dem Verstand – „der wie ein Spiegel ist, der Staub ansammelt, während er Licht und Schatten zurückwirft“ und „dem sanften Atem der Seelenweisheit, die nötig ist, um den Staub unserer Wahnvorstellungen hinwegzufegen“. Über diese Worte denkt der Jünger nach. Worin besteht dieser Unterschied zwischen dem Wirklichen und dem Fließenden, und wie hängt dies mit der Betätigung des Verstandes zusammen? Was ist das für ein Unterschied zwischen dem Spiegel, der Licht und Schatten zurückwirft, und der Seele, die den Staub von dem Spiegel entfernen muss, wenn wir uns unserer Täuschungen entledigen wollen? Welche Rolle spielt der Verstand, der eine so mächtige Funktion im Menschen zu haben scheint, dass er in der niederen Welt als der Mensch selbst auftritt?

Der Jünger erinnert sich dann auch noch anderer Worte, die er von den Lippen der Meister der Weisheit vernommen hat. Er erinnert sich, dass er am Anfang der Lehre aufgefordert wurde, „nach dem Herrscher der Sinne zu suchen, dem Gedankenerzeuger, der die Täuschungen erweckt", und dass ihm gesagt wurde: „Der Verstand ist der große Schlächter des Wirklichen. Der Jünger muss den Schlächter töten." Hier scheinen wir eine Spur zu finden, die dem Kandidaten hilft, Licht in dieses Problem zu bringen. Der Herrscher der Sinne ist es, der die Gedanken erzeugt, und jener, der die Gedanken erzeugt, erweckt die Täuschung, die das Wirkliche vernichtet. Denn die Wirklichkeit liegt in der Welt des Geistes. Wenn der Vorgang der Differenzierung fortschreitet, wird Täuschendes hervorgebracht, und es ist der sich entwickelnde Verstand, der diese Täuschungen erzeugt; denn er besitzt die Fähigkeit, Bilder zu erschaffen, jene Fähigkeit, die wir Einbildungskraft oder Imagination nennen. Er verfügt über die Fähigkeit zu logischen Schlussfolgerungen, mit denen er aber auf den seifenblasenartigen Gebilden aufbaut, die er selber geschaffen hat, – und das ist es, was die Täuschung erzeugt und das Wirkliche zerstört. Daher ist es die erste Arbeit des Schülers, „den Schlächter zu töten". Denn wenn er sich nicht von dieser täuschenden Kraft des Verstandes befreit, wird er niemals über den Vorhof des Tempels hinauskommen können.

Wenn er dann weiter seinem Lehrer lauscht, hört er eine Stimme, die ihm gebietet: „Verstand und Seele zu verschmelzen." Seine Aufgabe ist es also, eine Veränderung mit seinem niederen Verstand vorzunehmen, die diesen befähigt, sich mit dem höheren zu vereinigen und die Kraft der Täuschung auszuschalten, so dass er den eigenen Vater erkennt, dem er entstammt, damit Vater und Sohn wieder eins werden.

Anschließend hört er eine Lehre, die in mystischer Sprache zu ihm sagt, „er müsse den Mondkörper zerstören und den Verstandeskörper läutern“. Wenn er hierüber nachdenkt und sich bemüht, den Sinn dieser Worte zu verstehen, erfährt er aus vielen Allegorien und Symbolen, mit denen er nun vertraut geworden ist, dass unter „Mondkörper“ jener Körper zu verstehen ist, der zu *Kama*, dem Begehren, gehört, und er lernt, dass er diesen überwinden muss. Den Gedankenkörper aber muss er reinigen, denn nur dadurch, dass er den Staub der Täuschung hinwegfegt, wird es für den Gedankenkörper möglich, sich mit der Seele wiederzuvereinigen.

Der Kandidat versteht nun die Natur der Arbeit, die er hinsichtlich seines Verstandes im Vorhof des Tempels zu vollbringen hat. Er beginnt zu verstehen, dass er selbst, diese lebendige Seele, die schon durch Jahrtausende hindurch aufwärtsstrebt, aus sich heraus diese Kraft hervorgehen ließ, um ein Werkzeug zu ihrem Gebrauch zu schaffen, und dass der Verstand nicht der Meister, sondern ein gehorsamer Diener dessen sein soll, der ihn ausgesandt hat. Indem er dies erfasst, beginnt der Kandidat, seinen Verstand zu schulen. Er nimmt wahr, dass der Verstand ständig von einem Ding zum anderen springt, rastlos und unruhig, ungestüm und schwer zu beherrschen. Er beginnt ihn zu trainieren wie ein Pferd, das man zureitet. Er erzieht seinen Verstand allmählich dazu, sich nicht mehr durch die vielerlei Versuchungen rundum dazu verleiten zu lassen, umherzuschweifen, sondern logisch zu arbeiten und einen bestimmten Weg zu verfolgen. Er wird seine Lektüre wohl auswählen – denn gerade hierin wird das Denken geschult –, er wird in wohlüberlegter Absicht umfangreichere Erörterungen lesen, um sein Denken darin zu schulen, durch längere Zeit eine bestimmte Richtung zu verfolgen. Er wird ihm nicht mehr gestatten, rasch von einem Ding zum anderen zu springen, da dies seine Unruhe vermehrt, die ein Hindernis auf dem Pfad ist, das ihm so lange den Weg versperrt, bis er es überwunden hat.

So arbeitet er Tag um Tag und Jahr um Jahr an seinem Verstand. Wir haben schon früher gesehen, dass er gelernt hat, verantwortlich für seine Gedanken zu sein und sorgfältig zu prüfen, welchen Gedanken er Einlass gewährt. Dazu gehört auch, dass er es keinerlei Sorgen gestatten darf, sich in seinem Bewusstsein fest zusetzen. Viele Menschen verbringen schlaflose Nächte, von angstvollen Gedanken erfüllt, und nehmen dadurch Schaden, nicht so sehr durch das Missgeschick, das sie getroffen hat, sondern durch die Sorgen, die sie sich über dieses Missgeschick machen. Allen diesen Dingen muss der Kandidat ein Ende setzen, er darf keinerlei Denktätigkeit zulassen, der er nicht bewusst zugestimmt hat, und er muss die Tore seines Verstandes gegen alle Gedanken verschließen, die sich ungeladen eindrängen. Dies ist eine schwierige und langwierige Schulung, denn er muss dieses Abweisen unerwünschter Gedanken immer und immer wieder üben, es gibt keinen anderen Weg.

Man wird fragen: „Auf welche Weise?" Vermutlich zuerst am leichtesten dadurch, dass man dem Verstand etwas anderes zu denken gibt; später einfach dadurch, dass man ihnen den Zutritt verwehrt. Bis der Kandidat stark genug geworden ist, um die Tore seines Verstandes abzusperren und in sich ungestört bleiben zu können, wird er klugerweise einen Gedanken durch einen anderen ersetzen, den auf

Vergängliches gerichteten Gedanken, von dem er sich befreien will, durch einen hohen Gedanken, der sich auf das Dauernde bezieht. Denn dies wird dem doppelten Zweck dienen, einerseits, dass er den auf Vergängliches gerichteten Gedanken los wird, und andererseits, dass er den Verstand daran gewöhnt, im Ewigen zu verweilen und dadurch den Sinn für die rechte Proportion zu gewinnen, das Empfinden, dass die Gegenwart vorübergeht und es deshalb nicht wert ist, sich über sie zu beunruhigen. Das Verweilen des Bewusstseins im Ewigen wird dadurch gefestigt, und dies ist das Geheimnis jeglichen Friedens, in dieser Welt ebenso wie in irgendeiner anderen.

Uber diese Schulung des Verstandes hinsicht lich Auswahl der Gedanken hinaus, liegt aber noch ein weiterer, schwierigerer Schritt vor dem Kandidaten – er muss sich aus dem Verstand ganz zurückziehen und lernen, überhaupt nicht in ihm zu denken, nicht, um ganz ohne Bewusstsein zu sein, sondern weil er einem innerlicheren Bewusstsein zustrebt, nicht, weil das Leben in ihm dumpf und lethargisch wird, sondern weil es so lebendig geworden ist, dass das Gehirn es nicht mehr in sich halten kann. Mit diesem Anwachsen des inneren Lebens wird er allmählich eine Stufe erreichen, auf welcher „Denken" nicht mehr ein Denken des Verstandes ist, sondern das Bewusstsein der Seele. Ehe er diese Stufe erreicht, wird er aber durch ein Stadium der Leere, der öden Verlassenheit hindurchgehen müssen, vielleicht eine der schwierigsten Stufen im Leben des Jüngers im Vorhof des Tempels. Langsam aber beginnt er den Sinn der Worte des Lehrers zu verstehen: „Beherrsche dein niederes Ich durch das Göttliche in dir. Beherrsche das Göttliche durch das Ewige." Das göttliche Selbst ist diese Seele, die den niederen Verstand im Zaum halten soll, aber jenseits der Seele ist das Ewige, und einmal, in der Zukunft, im Innern des Tempels, wird dieses Ewige die Herrschaft über das Göttliche in ihnen erringen müssen, so wie das Göttliche das Niedere beherrscht. Er lernt nun allmählich, dass er Meister über alles in seiner Umgebung zu sein hat, was mit Verstandesdenken verknüpft ist.

Dadurch gelangt er auf eine Stufe, auf der Versuchungen feinerer Art ihn umdrängen, Versuchungen, die nicht seine niedere Natur berühren, sondern sich gegen seine höhere zu erheben wagen und nun den Verstand des Jüngers dazu verwenden möchten, ihn zu vernichten, nachdem sie dies vergeblich mit seiner Natur und den gröberen Begierden des Körpers versucht hatten. Die Scharen von Gedanken, die auf dieser Stufe auf ihn einstürmen, sind nicht länger nur mit dem Leben und der Kraft des Verstandes von Menschen in der niederen Welt ausgerüstet, sondern von einem gewaltigen Impuls gelenkt, der etwas von der Natur der Kräfte der spirituellen Ebene in sich hat – aber von ihrer dunklen Seite und nicht von der hellen; von jenen, die die Seele vernichten, und nicht von jenen, die ihr helfen wollen. Diesen Mächten steht er hier von Angesicht zu Angesicht gegenüber, und wenn er nicht gelernt und sich geübt hat, im Bereich seines Verstandes gegenüber den schwachen Angriffen, die aus der äußeren Welt kommen, Herr zu bleiben, wie sollte er dann sein Eigentum hier gegen die Kräfte des Bösen wahren? Hat er aber seinen Intellekt so geschult und gestärkt, dass er sich auf alles konzentrieren und dabei verweilen kann, trotz aller Wirbelstürme ringsum, dann erwächst ihm daraus eine Stärke, die keine Anstrengung seinerseits mehr erfordert, denn je stärker die Seele ist, um so geringer ist die Anstrengung, die für ihr Wirken nötig ist. Je mächtiger die Kraft, um so weniger fühlt sie die Angriffe, die von außen kommen.

Diese hohe Stufe des Intellektes ist erreicht, sobald von außen kommende Gedanken, wenn sie auf das Heiligtum stoßen, von selbst tot niederfallen, sie müssen nicht mehr getötet werden. Auch der Verstand selbst braucht nicht getötet zu werden, er ist gereinigt, geläutert und gehorsam geworden. Durch die beginnende Vereinigung von Verstand und Seele bedarf es keines Kampfes mehr, denn alles, was zu bekämpfen wäre, fallt durch den Rückstoß seiner eigenen Energie tot nieder. Dies ist jene Festigkeit des Intellektes, von der es heißt, dass „die Lampe wohlgeschützt an einem Orte steht, der frei von jedem Windhauch ist". Dieser Ort ist es auch, wo der Wille in Erscheinung zu treten beginnt. Es ist ein Ort unter dem Schatten der Tempelmauern, von dem es in der

Katha-Upanischade heißt, dass der Mensch, wenn er frei von Wünschen und Sorgen ist, in der Ruhe der Sinne die Majestät der Seele erschaut. Denn der Verstand, der in den früheren Tagen ein staubbedeckter Spiegel war, ist nun ein glänzender Spiegel geworden, gleich der glatten Oberfläche eines Sees, die alles zurückspiegelt, die Bäume den Bäumen, die Sterne den Sternen und alle Farbnuancen des Himmels dem Himmel, von dem sie kommen.

Doch ehe dies eintritt, ist noch eine Gefahr zu bestehen, wenn Verstand und Seele sich in einem letzten Kampf gegenüberstehen. Es ist die letzte Anstrengung des Niederen, sich gegen das Höhere zu behaupten, ein Sichaufbäumen der niederen Natur, von dem alle Bücher über Einweihung künden. Es ist dies der Abglanz eines späteren Kampfes auf höheren Ebenen, von dem wir uns keine Vorstellung machen können und der symbolisch dargestellt erscheint in dem letzten Kampf des Buddha unter dem heiligen Baum, ehe ihm die Erleuchtung zuteil wurde.

Wie kann der Jünger in diesem Kampf den Sieg erringen? Die Lippen des Lehrers geben ihm wieder einen Rat: „Der Verstand benötigt Stützpunkte, die ihn zur Diamant-Seele ziehen.“ Was ist die Diamant-Seele? Es ist dies die Seele, die ihre Vereinigung mit dem wahren Selbst vollzogen hat, die Seele ohne Flecken und Makel, durch die, gleich einem durchsichtigen Diamanten, das Licht des Logos scheint, das sie wie eine Linse für den Menschen sammelt. Unsere Seele strebt aufwärts nach ihrer Heimat, wie die Blume dem Licht zuwächst. Die Stützpunkte, die sie aufwärtsziehen, sind die Ausstrahlungen der Diamant-Seele, die hinabströmen zu dem, was sie selbst ist, wenn auch noch schwach und zögernd, und die es mit göttlicher Kraft aufwärtszieht zur Vereinigung mit sich selbst. In dem Maß, in dem der Schüler zu erkennen beginnt, wird ihm immer klarer, was unter Diamant-Seele zu verstehen ist. Er wird sich dessen bewusst, dass diese Diamant-Seele sich auch in ihm wiederverkörpern soll - „Blicke in dich, du bist Buddha!" - und dass sein Verstand, geradeso wie sein Körper, nur ein Instrument in ihrem Dienst und nur in dem Maß von Nutzen und Wert ist, als er eine Musik anstimmt, die würdig ist, das Höhere zu erreichen. Dann werden die Saiten seines Verstandes durch Hingebung gestimmt, und er wird zu einem Musikinstrument, das der Berührung durch den Meister würdig ist und von dem alle Melodien im Himmel und auf Erden ertönen können.

Schließlich steht der Schüler vor dem Tore und erkennt, was geschehen ist, - dass er sich selbst gefunden hat, dass die Seele, die er selbst ist, zu etwas noch Höherem aufwärts blickt, mit dem sie im Begriffe steht, sich zu verbinden und eins zu werden. Diese Vereinigung findet erst innerhalb des Tempels statt. Jetzt, am Tore, hat er erst das Selbst, das vergänglich war, mit seinem höheren Selbst vereinigt; das, was sein Verstand war, mit seiner Seele. Nun beginnt er anzubeten, das heißt, sich mit dem Höchsten zu identifizieren. Er lernt, dass die Seele in seinem täglichen Leben stets anbeten kann, womit immer der Verstand sich beschäftigen und was immer der Körper tun mag. Er erkennt schließlich, dass das Leben des Schülers eine ununterbrochene Verehrung des Höchsten, eine unaufhörliche Kontemplation der Diamant-Seele ist. Er erkennt zudem, dass während die Seele so im Tempel versunken ist, Körper und Verstand ständig für die Menschheit tätig sein müssen, die ihrer bedarf – im Vorhof des Tempels und außerhalb desselben in der Welt. Sie sind seine Werkzeuge, während er selbst anbetet. Jetzt wird im klar, was es bedeutet, dass „ihre Engel im Himmel stets das Antlitz des Vaters schauen“; denn das Schauen der Vater-Seele ist ein ununterbrochenes Schauen, das keine irdische Wolke trüben, keine irdische Arbeit stören kann. Stets ist die Seele in ihre Schauung versunken, während Verstand und Körper arbeiten; und wenn dies erreicht ist, dann wird die Schwelle überschritten, und aus dem Vorhof tritt die Seele ein in den Tempel ihres Herrn.

3 CHARAKTERBILDUNG

Es wurde schon gesagt, dass sich die Stellung eines Schülers, der die Stufe erreicht hat, die wir mit dem Ausdruck „Im Vorhof des Tempels“ bezeichnen, sehr wesentlich von jener unterscheidet, die ein Mensch einnimmt, der zwar gut und tugendhaft ist, aber das vor ihm liegende Ziel noch nicht genau wahrnimmt. Nicht, dass eine endgültige Läuterung oder die vollständige Beherrschung der Gedanken, die vollständige Umwandlung des Niederen in das Höhere schon hinter ihm liegen müsste, ehe er an der Schwelle des Tempels stehen kann. Aber er ist, während er sich im Vorhof befindet, sozusagen damit beschäftigt, die Fundamente seines Baues der Charakterbildung zu zeichnen. Die Errichtung des Baues selbst und das schließliche Einfügen des Schlusssteines wird zum größten Teil erst innerhalb des Tempels zu besorgen sein, nachdem seine Augen geöffnet wurden. Allein der Plan dazu muss jetzt entworfen und klar erkannt werden. Die Arbeit an der Charakterbildung muss im Vorhof also ein bestimmtes, planmäßiges Bauen sein. Es darf keine Kompromisse mit der Sünde mehr geben. Bei der Ausführung des Rechten mögen noch Misserfolge vorkommen, ein zufriedenes Verharren im Unrecht aber muss entschieden ausgeschlossen sein. Die gröberen Teile der Natur des Schülers müssen ja ohnedies alle schon ausgeschieden sein, ehe er den Vorhof des Tempels betritt. Der rauere Teil des inneren Kampfes muss beendet sein. Im Tempelhof können keine Steine, die noch unbehauen sind, zum Bau dienen; das Behauen muss während vieler früherer Leben erfolgt sein. Was den Strebenden jetzt beschäftigt, ist das Ausbilden bestimmter positiver Tugenden, derer er bedarf, um einer der Helfer und Erretter der Welt werden zu können.

Das erste, was uns bei den Jüngern im Vorhof ins Auge fällt, ist die entschiedene Zielstrebigkeit und sorgfältig überlegte Art des Handelns. Es ist nicht eine Sache von Launen und Versuchen, nicht ein gelegentliches Beginnen und dann wieder Liegenlassen, nicht heute eine Anstrengung in einer Richtung und morgen wieder in einer anderen, nicht ein Suchen nach dem Ziel – das Ziel ist erkannt, und der Aufbau des Charakters ist ein überlegtes Bauen, das mit dem Material beginnt, welches zur Hand ist. Der Strebende muss mit Ruhe auf alle seine Stärken und alle seine Schwächen blicken und sich dann daran machen, die ersteren zu vermehren und die letzteren zu beseitigen. Es ist ein überlegtes Aufbauen in Richtung auf ein bestimmtes Ziel, wie das Herausarbeiten einer Statue aus einem Marmorblock, deren Modell bereits geschaffen wurde.

Der Jünger im Vorhof des Tempels weiß, dass er alles fortsetzen wird, was er anfängt, dass er von einem Leben zum anderen die inneren Schätze mitnehmen wird, die er sammelt. Wenn er einen Mangel vorfindet und ihn zunächst nur teilweise auszubessern vermag, so weiß er, dass doch dieser Teil der Arbeit zumindest vollbracht ist, und eine Kraft, die er in sich ausbildet, für alle Zeiten bestehen bleibt als Teil der Seele, der ihr nie mehr entrissen werden kann. Mit dieser Entschlossenheit, die ihre Wurzel in der Erkenntnis des Gesetzes hat, das jedem Aspekt der Natur zugrundeliegt, baut er weiter, mit dem Vertrauen, dass er sich auf dieses Gesetz ohne Bedenken verlassen kann. Es ist also bei ihm keine Spur von Schwanken, kein Schatten eines Zweifels, und jeden Samen, den er ausstreut, sät er in der Gewissheit, dass der

Samen, seiner Art gemäß, Frucht tragen wird. Darum ist auch keine Hast bei seinem Werk, keine Ungeduld bei seiner Arbeit; wenn die Frucht noch nicht reift – kann er warten, bis die Zeit der Ernte kommt. Wenn der Samen noch nicht aufgehen will, er kann warten, bis er keimt. Er weiß, dass dieses Gesetz, dem er sich anvertraut hat, unwandelbar und gut ist. Es wird alles zu seiner bestimmten Zeit erfolgen, und diese bestimmte Zeit ist die beste für ihn und für die Welt.

So fängt er also, wie schon gesagt, mit dem ihm zur Verfügung stehenden Material an und ist zufrieden mit ihm; denn es ist das, was ihm das Gesetz aus seiner Vergangenheit gebracht hat, mit diesem und keinem anderen muss er arbeiten. Ob es karg oder reichlich ist, er ist sich dessen bewusst, dass der Reichtum, zu dem er es anwachsen lassen kann, keine Grenzen hat. Auch weiß er, dass er Erfolg haben muss, es ist dies keine Frage der Möglichkeit, sondern eine solche der Gewissheit. Das Gesetz muss ihm den Gegenwert von dem zurückgeben, was er ausgibt, und wenn er im Augenblick auch nur wenig zu geben vermag, wenn er stetig immer wieder etwas hinzufügt, so wächst sein Werk mit jeder Errungenschaft höher und höher.

Wir betrachteten bereits die Art und Weise, in welcher er bei seinem Bauen vorgeht. Er wird mit dem rechten Denken beginnen, denn die Beherrschung der Gedanken ist nötig, um das Rechte erwählen zu können, vor allem aber, weil sein Denken auch auf andere einwirkt. Für alle Kandidaten des Tempels ist das leitende Motiv der Dienst für andere, und darum ist auch der Hauptbeweggrund, der ihn bei der Auswahl der Gedanken leitet, die er erzeugt oder in sein Bewusstsein einströmen lässt, die Wirkung, die sie auf andere ausüben können, ob sie helfend, stärkend und reinigend sind. Er wird aber natürlich auch erwägen, wie diese Gedanken auf ihn selbst wirken, denn die Gedanken sind ja das Werkzeug, durch das der Charakter gebildet wird. Sie machen den Charakter zu einem Magneten für andere Gedanken, so dass der Strebende zu einem Brennpunkt wird. Was schlecht ist, muss bei der Berührung mit ihm sterben, was gut ist, muss in sein Bewusstsein einströmen, um dort frische Nahrung zu gewinnen und frische Kraft zu holen. Die so zu ihm kommenden guten Gedanken anderer gehen dann mit dem ihnen neu verliehenen Lebensantrieb wieder in die Welt, und er wirkt so nicht nur als eine Quelle, die Hilfe spendet durch die Gedanken, die er selbst erzeugt, sondern gleichsam wie ein Sender, der Hilfe bringt durch die Gedanken, die er empfängt, wiederbelebt und weitersendet.

Beim Beginn der Charakterbildung ist dieses rechte Denken der beherrschende Einfluss in seinem Intellekt. Der Jünger wird deshalb ständig seine Gedanken beobachten und sie mit Sorgfalt erforschen, damit in das Heiligtum seines Bewusstseins nichts hereinkommt, was verletzend wirken könnte. Der nächste Schritt aber wird dann sein, sein Reden zu überprüfen. Rechte Rede muss vor allem wahr sein, in gewissenhaftem und genauem Sinne wahr, nicht im Sinne der konventionellen Wahrhaftigkeit der Welt, sondern von jener strikten und gewissenhaften Wahrhaftigkeit, die für den Schüler des geistigen Pfades eine Notwendigkeit ist – Wahrheit im Beobachten, Wahrheit im Berichten, Wahrheit im Denken, Wahrheit im Reden, Wahrheit im Handeln. Wo diese Entschlossenheit, wahrhaftig zu sein, nicht vorhanden ist, besteht nur die Möglichkeit zu einem Okkultismus, der die Gefahr eines tiefen und schrecklichen Falles birgt. Diese Eigenschaft der Wahrheit ist für den Esoteriker zugleich sein Führer und sein Schild; sein Führer, insofern sie ihm die Einsicht verleiht, die ihn in die Lage versetzt, die wahre Straße von der falschen, den Pfad zur rechten Hand von jenem zur linken zu unterscheiden, und sein Schild, insofern nur dann, wenn er durch diesen Schild der Wahrheit gedeckt ist, alle Täuschungen und alles Blendwerk der verschiedenen Ebenen, die er durchschreitet, von ihm abprallen. Denn eben durch diese Übung der Wahrheit im Denken, Reden und Handeln erwacht in ihm allmählich jene geistige Einsicht, die jeden Schleier der Täuschung durchdringt und gegen die nichts in der ganzen Natur fähig ist, mit Erfolg irgendeine Täuschung zu versuchen. Es sind überall Schleier ausgebreitet, überall in der Welt der Täuschungen besteht dieses Trügerische der Erscheinungen, solange nicht diese geistige Einsicht mit ihrer unwandelbaren und unmittelbaren Schau sie alle zu durchdringen vermag. Diese geistige Einsicht kann aber nur dann zur Entfaltung gelangen, wenn im Charakter der Wahrheit gefolgt, im Verstand Wahrheit gepflegt und im Gewissen Wahrheit entwickelt wird – ohne sie gibt es nichts als Misserfolg und unvermeidliche Fehler und Missgriffe.

Die Rede wird also vor allem wahr sein, sie wird aber auch gütig sein; denn Wahrheit und Güte bilden keinen Gegensatz, wie wir oft zu glauben geneigt sind, und unser Reden verliert nichts von seiner Wahrheit, wenn es gleichzeitig auch voller Güte, Höflichkeit und Mitgefühl ist. Je wahrer unser Reden ist, desto gütiger muss es auch notwendigerweise sein, denn im Innersten aller Dinge lebt Wahrheit ebenso wie Mitgefühl. Eine Sprache, die das innerste Wesen des Universums widerspiegelt, kann daher weder ohne Ursache irgendein Wesen verletzen, noch im Geringsten falsch sein.

Aus dem rechten Reden und rechten Denken muss dann unvermeidlich auch rechtes Handeln fließen, denn das Tun ist nur eine Manifestation dessen, was im Inneren wirkt, und wo das Denken rein und die Rede wahr ist, muss die Tat unvermeidlich edel sein. Dies ist das dreifache Band, das den Strebenden zugleich mit der Menschheit verbindet und mit seinem Meister, das dreifache Band, das in manchen großen Religionen als Sinnbild vollkommener Selbstbeherrschung gilt – Selbstbeherrschung im Denken, im Reden und im Tun. Sobald der Jünger dies alles klar erfasst hat, wird er zu einer ganz bestimmten Methode bei seinem Charakterbau übergehen, und er wird zuerst das bilden, was man ein „Ideal" nennt. Der Verstand formt sich dabei ein inneres Bild. Das Material dazu entnimmt er der Außenwelt, die

Idee aber ist das Ergebnis der inneren Wirksamkeit des Verstandes. Eine Idee ist in ihrer höchsten Bedeutung etwas Abstraktes. Wenn wir uns vergegenwärtigen, wie eine solche abstrakte Idee im bloßen Gehirn-Bewusstsein gebildet wird, wird uns klar werden, was ein Ideal ist. Nehmen wir dazu ein altes Beispiel – den abstrakten Begriff eines Dreiecks. Der Begriff eines Dreiecks wird vom Gehirn-Bewusstsein eines Kindes allmählich durch ein Studium der vielen Formen erarbeitet, von denen man ihm sagt, es seien Dreiecke. Zuerst wird das Kind nur ihre Vielfalt wahrnehmen und es wird die ihnen zugrundeliegende Einheit nicht erkennen können. Doch wenn es in seinem Denken vorwärtsschreitet, wird es lernen, dass es bestimmte Dinge gibt, die dem einheitlichen Begriff des Dreiecks zugehören. Ein Dreieck besteht immer aus drei Linien und nicht aus mehr, es hat drei

Winkel, und diese drei Linien und Winkel stehen in Beziehung zueinander. Aus all dem arbeitet der Verstand des Kindes dann das heraus, was man die abstrakte Idee eines Dreiecks nennt, die keine spezielle Form und keine spezielle Größe hat. Diese abstrakte Idee entsteht dadurch, dass der Verstand diese verschiedenen Formen zu etwas verarbeitet, was selbst weder Farbe, noch Form, noch spezielle Eigenschaften besitzt, aber das vereinigt, was den verschiedenen Formen gemeinsam ist. Wenn wir nun ein Ideal bilden, ist dies auch eine abstrakte Idee, es ist das Werk der Einbildungsfähigkeit des Verstandes, die das Wesentliche aus den verschiedenen Ideen entnimmt, die der Verstand sich von großen Tugenden gebildet hat, von dem, was schön, wahr, harmonisch und mitleidsvoll ist, was dem Streben sowohl des Verstandes als auch des Herzens entspricht. Aus all den Ideen, die er in begrenzter Form manifestiert gesehen hat, zieht er das Wesentliche heraus und baut sich eine heroische Gestalt auf, in der alles in höchster Vollendung ausgedrückt ist. Diese vollendete Gestalt, machtvoll und harmonisch in all ihren Proportionen, erhabener als alles, was er je gesehen hat, nur nicht erhabener als das, was der Geist in seltenen Augenblicken der Inspiration dem Verstand eröffnet hat, dieses Ideal der Vollkommenheit ist es, das der Strebende nun so vollkommen, als er es zu erfassen imstande ist, für sich entwirft, doch dessen bewusst, dass auch sein vollkommenster Traum nur ein Schatten jener Wirklichkeit ist, die sich in ihm spiegelt. Denn in der Welt des Wirklichen existiert das in lebendigem Licht, was er hier unten nur in einem schwachen Abglanz erschauen kann. Aber so unvollkommen auch, daran gemessen, dieses von ihm geschaffene Idealbild sein mag – es ist das Ideal, nach dem er seinen Charakter zu bilden hat.

Doch wozu diese Aufstellung eines Ideals? Betrachten wir dazu zwei Sätze, einen aus einer heiligen Schrift der Hindus und einen anderen, der von einem Christen stammt, um zu zeigen, wie zwei Eingeweihte über die gleichen Tatsachen sprechen, gleichgültig, an welche Zivilisation ihre Worte gerichtet sind. In einer der mystischsten Upanischaden, der *Chandogya-Upanishad,* steht im Buch 3, Kapitel 14: „Der Mensch ist ein Geschöpf des Nachdenkens; worüber er nachdenkt, das wird er; deshalb denke ich über Brahman nach." Und viele tausend Jahre später fasste ein anderer großer Lehrer, einer der Gestalter des Christentums, den gleichen Gedanken in andere Worte: „Und wir alle schauen die Herrlichkeit des Herrn wie in einem Spiegel und werden dadurch in dasselbe Bild verwandelt, von einer Herrlichkeit zur anderen." (2. Kor. 3,18). Wir schauen wie in einem Spiegel, denn der Verstand ist ein Spiegel, auf den Bilder geworfen und von ihm reflektiert werden; und die Seele, die in diesem Spiegel des Verstandes die Herrlichkeit des Herrn schaut, wird in eben dieses Bild verwandelt. Ob also in der Schrift des indischen Weisen oder in jener des Weisen aus dem Westen, überall tritt uns die gleiche Lehre entgegen, dass wir ein Ideal vor uns haben müssen, um es widerspiegeln zu können, und dass der Mensch unausweichlich zu dem wird, womit sein Verstand sich ständig beschäftigt.

Wie geht nun diese Umbildung nach dem Ideal hin vor sich? Durch Kontemplation! Tag für Tag wird der Strebende sich in sein Ideal versenken, eine bestimmte Zeit dafür wählend, und seinen Verstand darauf konzentrieren, ohne sich ablenken zu lassen. Und wenn er so Tag für Tag bei seinem Idealbild verweilt, wird unfehlbar in ihm jene Ehrfurcht aufsteigen, die einer Anbetung gleichkommt, jener verwandelnden Kraft, durch die er zu dem wird, was er anbetet. Während er so in Betrachtung versunken ist, werden die Strahlen des göttlichen Ideals auf ihn herabscheinen und sein geistiges Streben nach aufwärts wird die Fenster der Seele öffnen, um sie zu empfangen, so dass sie ihn von innen erleuchten und dann ein Licht nach außen werfen, das den Pfad erhellt, auf dem seine Füße zu wandeln haben.

Damit er sich aber derart in Kontemplation versenken kann, muss er Konzentration üben. Seine Gedanken dürfen nicht zerstreut sein, wie es die unseren oft sind. Wir sollten darum lernen, unseren Verstand fest und stetig auf etwas zu richten, und wir sollten darauf auch ständig in unseren alltäglichen Beschäftigungen hinarbeiten und immer nur ein Ding zur selben

Zeit tun, bis der Verstand dem Impuls willig Folge leistet. Wir sollten, was wir tun, mit konzentrierter Energie tun, die den ganzen Verstand auf einen Punkt hinlenkt. Es ist unwichtig, ob viel von dem, was wir zu erledigen haben, trivialer Natur ist. Nicht *was* wir tun, sondern *wie* wir es tun, kennzeichnet die Ausbildung, die zur Schülerschaft führt – nicht die besondere Art der Arbeit, die wir in der Welt zu tun haben, sondern die Art und Weise, wie wir sie verrichten, die Einstellung, die wir dazu mitbringen, die Kräfte, die wir dabei üben, und die Schulung, die wir dadurch gewinnen. Wie unbedeutend eine Arbeit auch sein mag, wir können sie nutzen und unseren Verstand dadurch ausrichten, gleichgültig worauf er inhaltlich fixiert wird. Wenn wir auf diese Weise den Verstand fest in unsere Hand bekommen haben, so dass wir ihn willentlich dahin und dorthin richten können, dann vermögen wir auch sicher das Ziel zu wählen, worauf wir ihn ausrichten. Aber bedenken wir, dass es mehr auf die kleinen Dinge ankommt als auf die großen. Die kleinen Dinge haben wir täglich um uns, die großen treten nur selten auf. Außerdem, wenn etwas Großes bevorsteht, dann erhebt sich das ganze Bewusstsein von selbst, um ihm zu begegnen, die ganze Aufmerksamkeit wird darauf konzentriert, und alle unsere Kräfte werden wachgerufen, um uns zu bewähren, wenn wir vor einer großen Aufgabe stehen. Aber der wahre Wert der Seele wird mehr in den kleinen Dingen erprobt, bei denen nichts vorliegt, was Aufmerksamkeit erweckt, nichts, um Beifall zu erlangen.

Diese Selbstzucht ist der Schlüssel zum Ganzen. Man muss sein Leben nach einem bestimmten Plan gestalten. Man gebe sich bestimmte Regeln, nach denen das Leben geführt werden soll, und wenn man sie sich gegeben hat, dann bleibe man dabei und ändere sie nur ebenso überlegt, wie man sie sich gegeben hat. Nehmen wir etwas so Einfaches wie das Aufstehen am Morgen. Setzen Sie die Zeit dafür fest, die Sie im Hinblick auf Ihre Arbeit oder Ihre Funktion im Haushalt für die geeignetste halten; und wenn Sie dies getan haben, bleiben Sie dabei. Gestatten Sie Ihrem Körper nicht, dass er sich diese Zeit selbst auswählt, sondern schulen Sie ihn zu automatischem Gehorsam. Nur wenn Sie nach einer gewissen Zeit die Erfahrung gemacht haben, dass Sie die Zeit schlecht gewählt haben, ändern Sie diese; aber indem Sie sie überlegt zu dem Zeitpunkt ändern, in dem Sie es für nötig erachten, und nicht unter dem augenblicklichen Impuls irgendeines Wunsches oder einer Gemütsbewegung. Ändern Sie sie nicht, weil Ihre niedere Natur, die Sie ja beherrschen sollen, es verlangt, sondern weil Sie nach reiflicher Überlegung finden, dass sie geändert werden muss. Achten Sie, wenn Sie sich Regeln geben, vor allem auch darauf, dass sie dadurch nicht Ihre Umgebung behindern oder stören.

Wenn man all dies als den Weg zur Charakterbildung erkannt hat, wird es der nächste Schritt sein, den Charakter selbst zu studieren, denn man muss mit entsprechender Kenntnis ans Werk gehen. Wenn Sie klug sind, werden Sie sich bei der Prüfung Ihres eigenen Charakters einige Dinge vor Augen halten, die große Männer als Eigenschaften bezeichnet haben, die zum Tor des Tempels führen. Der sechzehnte Gesang der *Bhagavad Gita* ist zum Beispiel diesbezüglich sehr lehrreich. Unter den Eigenschaften, die Arjuna von Krishna genannt werden, finden wir: Furchtlosigkeit, Herzensreinheit, Ausdauer im Yoga der Weisheit, Freigebigkeit, Selbstbeherrschung, Opferwilligkeit, Studium der heiligen Schriften, Strenge gegen sich selbst, Aufrichtigkeit, Nicht-Verletzen, Wahrhaftigkeit, Freisein von Zorn, Entsagung. Friedfertigkeit, Nicht-Verleumden, Mitgefühl mit allen Lebewesen, Begierdelosigkeit, Milde, Bescheidenheit, Freisein von Wankelmut, Tapferkeit, Versöhnlichkeit, Mut, Geradheit, Freundschaftlichkeit, Freisein von Stolz. Wenn wir diese Eigenschaften sorgfältig überdenken, finden wir, dass wir sie nach bestimmten Hauptpunkten gruppieren können; und wenn man sie mit Festigkeit Tag um Tag übt, ohne entmutigt zu sein, wenn die Ausführung anfangs noch zu wünschen übrig lässt, sondern mit einem Gefühl der Freude über die Erkenntnis des Zieles, wird man finden, dass jede Stufe eine Stufe zu einem Ziel ist, das erreicht werden kann. Beachten wir auch, wie sich einerseits der goldene Faden der Selbstlosigkeit, der Liebe und des Wohlwollens durch diese Eigenschaften zieht, andererseits aber auch Mut,

Stärke und Ausdauer darin ihren Platz haben, so dass ein vorzügliches Gleichgewicht des Charakters erlangt wird. Ein Charakter, der gleichzeitig kraftvoll und mild, selbstvertrauend und mitleidsvoll ist, der hilfreich gegenüber den Schwachen, in sich selbst aber gefestigt und unerschütterlich ist und so vollkommene Harmonie zeigt.

Wir wollen nun an Hand einer bestimmten Tugend näher untersuchen, wie die Bildung des Charakters vor sich geht, an Hand einer Tugend, die für europäische Ohren sonderbar klingt – der Gleichgültigkeit. Der Begriff wird oft angewandt auf einzelne Dinge, wie Gleichgültigkeit gegen Freude und Schmerz, gegen Hitze und Kälte, gegen Lob und Tadel, gegen Wünsche und Abneigungen und so weiter. Was bedeutet dies eigentlich? Vor allem bedeutet es ein Empfinden für die Verhältnismäßigkeit der Dinge, das derjenige besitzen muss, der einmal, wenn auch nur flüchtig, das Wirkliche inmitten des Vergänglichen, das Bleibende inmitten des Fließenden erschaut hat. Denn wenn ein Strebender einmal die Größe des Zieles erkannt hat, die ganze Länge der Zeit, die noch vor ihm liegt, die Riesenhaftigkeit der Aufgabe, deren Bewältigung er sich vorgenommen hat, dann müssen die Angelegenheiten eines einzelnen flüchtigen Lebens an ihren rechten Platz im Verhältnis zum Ganzen gestellt werden. Wenn ein Missgeschick über ihn hereinbricht, wird es ihm nicht so groß erscheinen wie in der Zeit, als ein einziges Leben alles war, was vor seinem Blick lag. Er beginnt nun zu verstehen, dass er schon zuvor viele Schicksalsschläge durchlebt hat und stärker und friedvoller daraus hervorgegangen ist. Wenn ihm Erfreuliches begegnet, ist er sich dessen bewusst, dass er schon früher viele Freuden durchgekostet, ihre Lehren gelernt und dabei gefunden hat, dass sie ebenso vergänglich sind wie andere Dinge. So wird er, wenn Freude oder Sorge kommt, sie hinnehmen; er wird nicht aufhören, sie zu fühlen, ja er wird sie sogar schärfer empfinden als der gewöhnliche Weltmensch, aber er wird sie an ihren richtigen Platz stellen und ihnen den richtigen Wert beimessen, den sie im großen Plan des Lebens haben. Er wird durch die in ihm wachsende Gleichgültigkeit nicht unempfindlicher – je harmonischer er mit dem All wird, um so mehr muss er auch auf jede Störung der Harmonie reagieren – aber es vermag ihn nichts Derartiges mehr zu erschüttern und auf seine Ruhe einen Schatten zu werfen. Denn er selbst wurzelt ja dort, wo es keine Stürme und Veränderungen mehr gibt, und wenn er sie auch empfindet, so können sie ihn doch nicht verändern. Sie nehmen den ihnen zukommenden Platz im rechten Verhältnis zur ganzen Dauer des Daseins der Seele ein.

Wie wird sich diese echte Gleichgültigkeit, die Stärke bedeutet, im Strebenden entwickeln? Zuerst dadurch, dass er Tag für Tag darüber nachdenkt, was sie bedeutet, bis er sie durch und durch versteht, und dann dadurch, dass er sie in seinem täglichen Leben anwendet. Nicht dadurch, dass er sich in einen Panzer hüllt, an dem alles abprallt, sondern dadurch, dass er auf alles zu reagieren lernt, was von außen kommt, gleichzeitig aber in der Lage ist, sein inneres Gleichgewicht zu bewahren. Eine harte und schwierige Aufgabe, aber eine solche, die viel Hoffnung und Freude und ein viel mutigeres und frischeres Leben in sich schließt; denn sobald die Seele ihre Erstarkung empfindet, hat sie ein Gefühl von erweitertem Leben, von vollerer Harmonie, das Gefühl eines stets zunehmenden Bewusstseins und einer wachsenden Verschmelzung und Einheit mit dem, von dem sie ein Teil ist. In dem Maß, in dem sie das Gefühl des Gesondertseins verliert, strömt die Freude in sie hinein, die im Herzen der Dinge wohnt, und selbst das, was für den gewöhnlichen Menschen schmerzlich ist, verliert für den Jünger die Eigenschaft des Schmerzes; denn er empfindet es sozusagen als einen Teil des universellen Lebens, als eine Silbe, welche die große Sprache der Manifestation ausspricht, und er kann ihren Sinn ohne heftige Pein in seinem Herzen verstehen lernen, denn der Frieden, der aus seinem erweiterten Wissen quillt, wiegt für ihn weit schwerer und verändert seine Haltung auch gegenüber all dem in der Außenwelt, was die Menschen als Schmerz und Verlust betrachten.

Wenn wir so denken und handeln, werden wir spüren, dass die Empfindung in uns wächst, dass wir uns an einem Platz des Friedens befinden, gleichgültig welcher Sturm auch in der Außenwelt tobt, und wir sehen und fühlen diesen Sturm, ohne von ihm erschüttert zu werden. Dieser Frieden ist die Erstlingsfrucht des geistigen Lebens, das sich zuerst in diesem Gefühl des Friedens und dann in dem der Freude zeigt und das Leben des Schülers in ein stetes Wachsen verwandelt, das immer nach aufwärts und innen gerichtet ist, dem Herzen zu, das Liebe ist. Daraus erwächst ein Gefühl des Selbstbeherrschtseins, das Empfinden, dass das innere Selbst stärker ist als die Veränderungen draußen, und während dieses innere Selbst wohl bereit ist zu reagieren, so weigert es sich doch, sich durch die Berührungen mit der Außenwelt verändern zu lassen.

Dann entsteht aus diesem Selbstbeherrschtsein und aus dieser Gleichgültigkeit die Kraft, niemanden zu hassen – etwas, worauf beim Aufbau des Charakters eines Strebenden besonderes Gewicht gelegt wird. Nichts soll gehasst, alles soll in den Kreis der Liebe hereingezogen werden, wenn es auch äußerlich noch so widerwärtig und abstoßend ist. Das Herz von allem ist Leben und Liebe; und darum kann der Suchende nichts aus dem Kreis seines Mitgefühls ausschließen.

In dem Maße, wie er diese Bausteine in seinen Charakter einbaut, wird er furchtlos. Furchtlos darum, weil, wenn er nichts hasst, es auch nichts gibt, was die Kraft hätte, ihn zu verletzen. Verletzung von außen ist nur die Reaktion auf Aggression von innen. Weil wir anderen feindlich gesinnt sind, werden auch sie ihrerseits unsere Feinde, und weil wir als Verletzende in die Welt hinausgehen, verletzen die Lebewesen ihrerseits uns. Wir, die wir alles Lebendige lieben sollten, gehen hinaus und tyrannisieren andere, Mensch und Tier, wenn sie schwächer sind als wir; und oft bemessen wir unsere Tyrannei nach ihrer Schwäche und die Lasten, die wir ihnen auferlegen, nach ihrer Hilflosigkeit. Dann wundern wir uns, dass die Lebewesen uns fliehen, dass die Schwachen uns mit Furcht und die Starken mit Hass begegnen, und merken in unserer Blindheit nicht, dass all der Hass aus der äußeren Welt nur ein Reflex des Bösen in uns selbst ist, während es für ein liebevolles Herz nichts Verhasstes gibt, und darum auch nichts, was es verletzen könnte. Der Mensch, der voll Liebe ist, kann ohne Gefahr in die Höhlen reißender Tiere schreiten oder Schlangen in seine Hand nehmen, denn zu einem Herzen, in dem nur Liebe ist, kann nichts mit einer Botschaft des Hasses kommen. So wird sich der Tiger sanftmütig zu Füßen des Yogi hinstrecken, und das wildeste Tier wird seine Jungen dem Heiligen zum Schutz vor die Füße legen, denn sie alle sind Sprösslinge des Göttlichen, das Göttliche aber ist Liebe, und wenn diese in einem Menschen vollkommen geworden ist, zieht sie alle Dinge zu sich heran.

Auf solche Weise lernen wir allmählich, furchtlos in der Welt zu wandeln, selbst dann, wenn uns Verletzung droht; denn wir wissen, dass wir, wenn wir verletzt werden, nur die Schuld einer schlimmen Vergangenheit bezahlen. Durch alles, was wir abzahlen, wird unsere Schuld im Schuldbuch der Natur geringer. Furchtlos aber auch deshalb, weil unser Wissen sich mehrt. Furcht entspringt ja dem Zweifel ebensogut wie dem Hass; der wissende Mensch ist über jeden Zweifel hinaus und wandelt furchtlos, wohin immer sein Fuß tritt; denn er tritt nur auf festen Boden, und keine Fallgruben liegen auf seinem Weg.

Anschließend kommt das allmähliche Freiwerden von jeglichem Begehren, das uns an die niedere Welt bindet, das allmähliche Ablegen allen Verlangens, das der Seele in vergangenen Leben keine Befriedigung zu geben vermochte, das allmähliche Ausscheiden persönlicher Wünsche und die Identifizierung des eigene Ichs mit dem Ganzen. Wer in solcher Weise wächst, ist durch keine irdischen Bande mehr an die Wiederverkörperung gebunden. Die Menschen kehren im Allgemeinen zur Erde zurück, weil sie von dieser angezogen werden, festgehalten durch das Begehren, das sie an das Rad von Geburt und Tod fesselt. Den Menschen aber, der seiner Befreiung entgegenschreitet, zieht nur mehr eines zur Erde zurück – die Liebe zu seinen Mitmenschen, der Wunsch zu dienen. Er ist nicht an das Rad gebunden, er ist frei, aber er kann noch einmal zurückkommen um derentwillen, die noch an das Rad gefesselt sind und denen er beistehen will, bis die Fesseln aller zerrissen sind. Er ist zu voller Selbstlosigkeit herangereift und hat erkannt, dass nur das, was für alle gut ist und dem Ganzen dient, das ist, was er wirklich sucht. Er lernt, stark zu sein, um helfen zu können und auf jenes Selbst zu bauen, welches das Selbst aller ist und mit dem er sich immer mehr identifiziert.

Etwas gibt es noch, dem er die Stirne bieten muss, und das ist vielleicht eine der härtesten Prüfungen während seines Wirkens im Vorhof des Tempels. Als er hier eintrat und die größere Freude, die diesen Bereich erfüllt, erblickte, wandte er vielem, das seinen Mitmenschen Lebensfreude bereitet, den Rücken zu. Aber es kommen dann Zeiten über die Seele, in der sie sich sozusagen ins Leere getaucht wähnt, in welchen keine Hand sich nach ihr auszustrecken scheint, wo sie nur Finsternis um sich gewahrt und nichts da zu sein scheint, worauf sie ihren Fuß setzen könnte. Nichts, was auf der Erde zurückgeblieben ist, kann sie zwar mehr befriedigen, die alten Freundschaften haben ihre Anziehungskraft, die Freuden der Erde ihre Süßigkeit verloren, aber sie kann die führenden Hände, die sie jetzt halten, noch nicht fühlen, sie ist vom Schleier der Illusion so dicht umhüllt, dass sie sich verlassen glaubt und nicht weiß, wo sie Hilfe finden kann. Durch diese Leere muss jeder Strebende einmal hindurchschreiten. Wenn diese Leere sich dunkel und scheinbar grundlos vor der Seele auftut, schaudert sie furchtsam zurück; aber sie braucht sich nicht zu fürchten.

Tauchen Sie nur hinein in die Leere, und Sie werden finden, dass sie eine Fülle ist! Springen Sie hinein in die Dunkelheit, und Sie werden festen Fels unter Ihren Füßen finden! Lassen Sie die Hände fahren, die Sie zurückhalten, und mächtigere Hände werden die Ihrigen erfassen und Sie vorwärtsziehen, und dies sind Hände, die Sie niemals verlassen werden. Irdischer Halt wird sich manchmal lockern, ein

Freund mag Ihnen seine Hand entziehen – die Freunde auf der anderen Seite aber verlassen Sie niemals, gleichgültig wie sich die Welt auch ändern mag. Gehen Sie darum nur mutig hinein in die Dunkelheit und Einsamkeit, und Sie werden die Entdeckung machen, dass diese Einsamkeit die größte Täuschung und diese Dunkelheit ein Licht ist, das keiner im Leben wieder verlieren wird. So erweist sich diese Prüfung, sobald man sie auf sich genommen hat, wieder als eine große Täuschung, und der Jünger, der hineinzutauchen wagt, findet sich auf der anderen Seite.

So schreitet der Aufbau des Charakters fort und wird noch durch manches künftige Leben weiter fortschreiten, edler und edler mit jedem beendeten Leben. Das, wovon hier die Rede war, sind nur die Grundsteine des Gebäudes.

Und die Vollendung? Oh – für die Vollendung dieses Baues unseres Charakters hat unsere Sprache bis jetzt noch keine Worte. Kein Pinsel, der nur in die matten Farben dieser Erde getaucht ist, vermag die Schönheit des vollkommenen Ideals wiederzugeben, das wir zu erreichen hoffen, nein, von dem wir wissen, dass wir es einmal erreichen werden. Haben Sie jemals in stillen Augenblicken einen Blick davon erhascht? Haben Sie einen Abglanz davon gesehen, wenn die Erde still und der Himmel ruhig war? Haben Sie jemals einen Blick werfen können auf das Antlitz eines von jenen, die Menschen sind, und doch mehr als Menschen – Menschen, wie sie sein sollten und wie sie nur in den innersten Höfen des Tempels zu finden sind? Dann bedürfen Sie nicht mehr meiner Worte. Sie kennen dann jenes Mitleid und wissen von jener Milde, die so groß ist, dass sie sich ebenso zu dem Niedrigsten herabbeugen wie zu dem Höchsten erheben kann. Sie kennen dann jene Liebe, die nur göttlich zu sein scheint, weil sie so absolut menschlich ist, und in der uns klar wird, dass Gott und Mensch eins sind. Sie kennen neben dieser Milde die Stärke – die Stärke, die nichts erschüttern kann, auf die die ganze Welt aufgebaut werden könnte, ohne dass sie wankte. Und dann dieses Strahlen der Freude – der Freude, die gesiegt hat und nun alle anderen an ihrer Seligkeit teilnehmen lassen möchte, ein strahlender Sonnenschein, der keinen Schatten kennt, die Glorie des Sieges, die verkündet, dass alle ihn gewinnen werden, die Freude in Augen, die über die Sorgen hinausblicken und die auch dann, wenn sie Schmerzen gewahren, wissen, dass das Ende Frieden ist. Milde und Stärke, Freude und unerschütterlicher Friede, ein Friede ohne jegliche Störung, eine Heiterkeit, die nichts zu trüben vermag – solcher Art ist der Lichtblick, den Sie vom Göttlichen erhaschen, von dem Ideal, das wir eines Tages verwirklichen werden. Wenn wir unsere Augen so hoch zu erheben wagen, so deshalb, weil die Füße der Großen immer noch über die gleiche Erde schreiten, auf der unsere Füße gehen. Sie haben sich hoch über uns erhoben, aber sie haben uns nicht verlassen. Denn im Herzen des Meisters wohnt die ganze Menschheit, und so können wir, die wir ihre Kinder sind, dessen sicher sein, dass dort, wo die Menschheit ist, auch wir sind.

4 SPIRITUELLE ALCHEMIE

Wir haben nun die Vorbereitungen betrachtet, die derjenige, der in den Tempel einzutreten wünscht, treffen muss. Er muss sich reinigen, seine Gedanken unter Kontrolle bringen und den Grund zum Aufbau seines Charakters legen. Wir haben dabei gesehen, dass der Strebende diese drei Aufgaben nicht nacheinander – wie wir sie der Klarheit halber betrachten mussten – sondern gleichzeitig nebeneinander durchführen muss. Dies gilt auch für den nächsten Teil seiner Aufgabe, den wir jetzt betrachten wollen und den ich als spirituelle Alchemie bezeichnet habe. Ich habe dabei einen Umwandlungsvorgang im Sinn, der der Kunst der Alchemisten gleicht, ein niederes Metall in ein edles zu verwandeln. Es ist ein Prozess, der im geistigen Leben jedes denkenden und religiösen Menschen ständig vor sich geht, aber bei einem Kandidaten des Tempels muss sich dieser Vorgang bewusst und überlegt vollziehen. Er muss seine Methode und ihren Zweck kennen und sich mit klarer Bestimmtheit dem Erreichen des gesetzten Zieles zuwenden.

Dieser Vorgang einer spirituellen Alchemie kann im weitesten Sinn des Wortes als eine Umwandlung von Kräften aufgefasst werden. Jeder Mensch hat in sich Leben, Energie, Willenskraft usw. Mit diesen Kräften muss er sein Ziel erreichen. Durch einen Prozess, den man passend als alchemistisch bezeichnen kann, ändert er nun die niederen Ziele dieser Kräfte in höhere, er verwandelt die gröberen Energien in verfeinertere und geistigere. Er ändert dabei nicht nur Zweck und Ziel, er verwandelt und reinigt die Kräfte selbst, ohne dabei ihre wesentliche Natur aufzuheben. Geradeso wie der Alchemist die gröbere Materie nimmt und sie einem Reinigungsprozess unterwirft – nicht bloß der Beseitigung des Schmutzes, sondern einer Reinigung, die viel weiter geht, die das Metall selbst angreift und es in einen höheren und feineren Zustand überführt – so nimmt der spirituelle Alchemist alle diese Kräfte seiner Natur, da er sie als Kräfte und daher als nützlich und notwendig erkennt, und reinigt, verfeinert und verwandelt sie. Wir haben nun die Methode zu betrachten, wie er diese Aufgabe löst.

Der Zweck dieser spirituellen Alchemie ist nicht nur die Verwandlung der Kräfte, sie hat auch noch einen Nebenzweck, den man nicht außer Acht lassen darf. Die Seelen sind durch Wünsche und Begierden an das Rad von Geburt und Tod gebunden; sie werden dort durch ihr Unwissen, durch ihr Verlangen nach materiellen Vergnügungen und nach egoistischen persönlichen Freuden festgehalten. Die Seele ist fortwährend mit Taten beschäftigt, und diese Taten binden die Seele, gleichgültig ob sie an und für sich gut oder schlecht, hilfreich oder schädlich sind. Denn alle Taten entspringen beim gewöhnlichen Menschen Wünschen oder Begierden, und dies ist die bindende Kraft. Es müssen auch weiterhin Taten vollbracht werden, solange es auf der Welt Menschen gibt, sonst würde es keine Manifestation mehr geben. Je edler, weiser und stärker der Mensch sich entfaltet, ein desto wichtigerer Faktor für den Fortschritt der Welt werden seine Handlungen sein. Würden die Größten unter den Menschen vom Tätigsein Abstand nehmen, dann würde der Fortschritt der Menschheit sich notwendigerweise verzögern.

Wie ist es nun möglich, dass Taten geschehen und die Seele doch frei bleibt und durch sie nicht gebunden wird? Hier finden wir wieder einen Fall spiritueller Alchemie, durch die der Größte der Tätigste im Dienen sein kann und sein Dienen ihn doch als befreite Seele nicht beeinträchtigt – ein scheinbares Paradoxon. Der Ausdruck „spirituelle Alchemie" soll in diesem Zusammenhang nur ein Mittel sein, um auf das grundlegende Gesetz des Opfers hinzuweisen, jenes große Gesetz, das dem manifestierten Weltall zugrundeliegt, dessen Ausdrucksformen aber so verschiedenartig sind, dass sie leicht irrig aufgefasst und missverstanden werden. Am leichtesten kommen Missverständnisse vielleicht bei der Wahl der Worte vor, denn es handelt sich um eine vielseitige Wahrheit, die vom Denken des Menschen von vielen Gesichtspunkten aus betrachtet werden kann. Vor allem aber hat sie zwei Aspekte, je nachdem ob man von oben oder von unten blickt.

Wir wollen das Gesetz zuerst in seinem niedrigsten Aspekt betrachten, wie wir es in der geoffenbarten Natur ausgedrückt finden, wie es dem Kosmos aufgeprägt ist in seinem Wirken in der physischen, astralen und mentalen Welt, wie es eine bestimmte Beziehung zwischen allen belebten Formen herbeiführt. Beziehungen nicht nur zwischen lebenden Wesen, wie wir alle sie hier unten auf der Erde kennen, sondern auch zu lebenden Wesen in den Welten, die uns umgeben. Betrachten wir das Opfer in den niederen Welten, so stellt es sich uns als eine Art wechselseitigen Dienstes oder Austausches dar, ein fortwährendes Drehen des Lebensrades, bei welchem man das Nehmen nicht vermeiden kann und das Geben nicht verweigern soll. Daran nehmen alle Wesen bewusst oder unbewusst teil, und je höher sie entwickelt sind, desto bewusster ist ihre Mitarbeit.

Diese Auffassung vom Opfer ist klar, vielleicht klarer als irgendwo anders, im dritten Gesang der Bhagavad Gita ausgedrückt. Der große Lehrer sagt dort: „Die Welt ist durch alles Tun gebunden, außer es geschieht zum Zweck eines Opfers; vollbringe darum, oh Sohn Kuntis, dein Tun für einen solchen Zweck ohne Anhaften."

Und, in die Vergangenheit zurückgehend, sagt er, um den ganzen Kreislauf des Opfers durch gegenseitiges Dienen in seiner Ganzheit zu zeigen:

„Nachdem in alten Zeiten der Herr aller Emanation durch sein Opfer die Menschheit hatte aus sich ausgehen lassen, sprach er: „Durch dies sollt ihr euch fortpflanzen, dies sei für euch Kamaduk (die Milch des Begehrens), durch dies nährt die Götter, und durch dies mögen die Götter euch nähren; und so, euch gegenseitig ernährend, werdet ihr das höchste Gute ernten. Denn durch Opfer genährt, werden euch die Götter der Freuden teilhaftig werden lassen, die ihr ersehnt. Ein Dieb wahrlich ist der,

der genießt, was die Götter geben, ohne die Gabe zu erwidern... Aus Nahrung werden die Geschöpfe, aus Regen kommt das Wachsen der Nahrung, Regen geht aus Opfer hervor, und Opfer entspringt aus Tun. Wisse, aus Brahma entspringt das Tun, und Brahma kommt aus dem Unvergänglichen und Unzerstörbaren. Daher ist Brahman*), das Alldurchdringende, stets im Opfer gegenwärtig. Wer sündhaften Lebens und Sinnenfreuden ergeben, auf Erden nicht dem solcherart sich drehenden Rade folgt, der, oh Sohn des Pritha, lebt vergebens."

Hier haben wir dieses Rad des Lebens, das in allen Religionen dem Opfer zugrundeliegt, und je reiner und edler die Religion ist, desto reiner und edler wird die Vorstellung des Opfers sein, von dem sie durchdrungen ist. Beachten wir,

---

*) *Brahma* (männlich) ist in der indischen Philosophie der geoffenbarte schöpferische Gott, *Brahman* (sächlich) hingegen die unoffenbare Wurzel alles Seins.

wie folgerichtig diese alchemistische Vorstellung, das Umwandeln von einem in ein anderes, hier durchgeführt ist. Die Nahrung verwandelt sich in die Wesen, aber damit es Nahrung gibt, musste der Regen sich in Nahrung verwandeln; damit Regen fällt, mussten den Göttern Opfer dargebracht werden – dann geben die Götter Nahrung. Wir finden dieses Drehen des Rades in allen alten Religionen an betonter Stelle. Der Brahmane zum Beispiel wirft sein Opfer ins Feuer, denn es heißt, dass *Agni*, das Feuer, der Mund der Götter sei, und er begleitete diese Opferhandlung in den alten Tagen mit Mantras, die von Menschen gestaltet waren, die wussten, was sie taten und die diese Mantras als Worte der Macht über die niederen Kräfte in der Natur schufen, so dass das so dargebrachte Opfer viele dieser Kräfte in der Natur beeinflusste, deren Wirken auf der Erde Nahrung für den Menschen hervorbringt. Wenn auch die Handlung an sich ein Symbol war, so war doch das, was sie symbolisierte, etwas Wirkliches, und die Kraft, die von den Lippen reiner Lehrer und Menschen voll Macht ausging, war ebenfalls wirklich.

Das Symbol sollte das Volk über dieses Lebensrad belehren und ihm verständlich machen, dass Tun in seinem Wesen Opfer ist, und dass alles Tun daher den Charakter des Opfers tragen sollte, das heißt, dass alle Handlungen als Pflicht aufgefasst und getan werden sollten, weil sie recht sind, und nur getan werden sollten, damit der Mensch in Harmonie mit dem Gesetz steht und seinen Teil an der allgemeinen Aufgabe erfüllt. So war dieser Lehre gemäß das Opfer das Band, welches alle Wesen in diesem geoffenbarten Weltall vereinte; und da Opfer Tun ist, und alles Tun von dem sich offenbarenden Gott kommt, der das ist, was sich offenbarte, wurde gesagt, dass

Brahman jedes Opfer durchdringe. So konnte alles Tun in der Welt als Pflicht getan werden, nicht mit dem Verlangen, für das persönliche Selbst etwas zu erreichen; denn erst mit diesem Verlangen trat die niedrigere, herabgewürdigte Auffassung auf, mit der in späteren Zeiten Opfer dargebracht wurden.

Dieses Drehen des Rades, dieses Ausüben der Pflicht um der Pflicht willen, ist das eigentliche Wesen der Alchemie, die Tun in Opfern verwandelt, die die Bande des Verlangens verbrennt und den Weisen frei macht. Solcherart im Feuer der Weisheit geläutert, verliert das Tun seine bindende Macht über die Seele. Die Seele wird zu einer Mitarbeiterin des Göttlichen in der Natur, und jede Handlung, die auf dem Altar der Pflicht dargebracht wird, wird zu einer Kraft, die das Rad des Lebens dreht, ohne die Seele je zu binden.

Die Aufgabe unseres Strebenden im Vorhof

des Tempels ist es nun, sich allmählich darin zu schulen, alles Tun in dieser opferartigen Weise zu vollbringen und sich bewusst zu werden, dass er es auf solche Weise vollbringt, ohne etwas zu verlangen, ohne nach etwas zu streben, ohne nach Früchten seines Tuns Ausschau zu halten, ohne Lohn zu verlangen – einfach weil es getan werden soll und aus keinem anderen Grund. Wer so handelt, führt diese Arbeit spiritueller Alchemie wahrhaft durch, durch die alles Tun im Feuer der Weisheit geläutert wird. Er befindet sich in bewusster Harmonie mit dem göttlichen Willen im geoffenbarten Weltall und wird so zu einer Kraft der Entwicklung und des Fortschrittes, und die ganze Menschheit erlangt Vorteil von seinem Tun, das dem Opfernden anderenfalls nur persönlichen Nutzen gebracht und dadurch die Seele gebunden und ihre Möglichkeiten, Gutes zu tun, beschränkt haben würde.

Dies ist also das Gesetz des Opfers, wie es in seinem niederen Aspekt wirkt. Wir wollen nun zu seinem höheren, erhabeneren Aspekt übergehen. Dazu müssen wir einen Augenblick bei dem eigentlichen Wesen des Opfers verweilen und uns klarzumachen versuchen, was Opfer wirklich bedeutet. Es scheint mir, dass Opfer, in seinem innersten Wesen betrachtet, einfach ein ausströmendes Geben ist. Es wird von dem Wunsch veranlasst, etwas, was der Besitzer für wertvoll hält, zur Hilfe und zur Freude anderer auszuteilen. Es ist ein Ausstrahlen der Natur, mit der Absicht, Glück auf andere zu übertragen, und daher in seinem Wesen etwas Freudvolles und nicht etwas Schmerzliches. Wenn wir alles Beiwerk beiseite lassen, das bei einem Akt des Opfers zeitweilig hinzukommen mag, ist Opfer ein Akt des Gebens seitens einer Natur, die zu geben und mit anderen zu teilen wünscht, was sie an innerer

Freude hat, so dass sie mit den anderen eins werde in ihrer Freude.

Sie mögen fragen: Nur in ihrer Freude? Ich hatte Sie gebeten, auf den Ursprung der Manifestation zurückzublicken. Der erhabenste Akt des Opfers war die Selbstbegrenzung des Einen Seins, als es den geoffenbarten Logos als Energie von sich ausgehen ließ. Manche meinen nun, in dieser Darstellung des Opfers liege ein Widerspruch, der sich in den Worten ausdrücken lasse: „Der Schmerz des Logos."

Aber was ist der Logos? Das in die Offenbarung getretene Brahman – und das Wesen Brahmans ist Seligkeit, wie uns wieder und wieder in den alten Schriften gesagt wird, die ihrerseits in noch älterem Wissen wurzeln. Kein anderer Gedanke ist möglich, sobald wir versuchen, an das zu denken, was jenseits der Manifestation liegt. Es ist der Grundton der ältesten Religion unserer Menschheit, dass Brahman, das eine Sein, Seligkeit ist. Wenn wir den indischen Raja-Yoga studieren und die Hüllen betrachten, in welchen sich die Seele in den Welten offenbaren kann, so finden wir, dass die Seele, wenn sie sich aus den niederen Welten zurückzieht, nach und nach diese niederen Hüllen abschüttelt, zuerst die Hülle des Körpers, dann die Hülle der Begierden, dann die Hülle des Intellektes. Wenn die Seele dann höher und höher steigt und sich immer mehr dem Brahman nähert, das sie selbst ist, wenn sie mehr und mehr zu ihrer eigentlichen Natur wird, ist schließlich nur noch *eine* Hülle vorhanden, die höchste, so fein, dass sie die Seele kaum von dem Einzig-Einen trennt. Es ist die zarte, feine Individualität, die nötig ist, um die ganze Ernte der hinter ihr liegenden Zeitalter zusammenzuhalten. Diese Hülle hat einen Namen. Sie wird die „Hülle der Seligkeit" genannt, als sollte dadurch jeder, der in der Welt in den

Wirrnissen der Unwissenheit kämpft, daran erinnert werden, dass dieses Fortschreiten im Yoga, in der Vereinigung mit dem Göttlichen, so lange von Stufe zu Stufe weitergeführt werden muss, bis die Seele in nichts mehr gehüllt ist als in Seligkeit, und darum heißt es: „Brahman ist Seligkeit."

Wir müssen also, so weit uns dies möglich ist, verstehen, dass es in dieser erhabenen Region keinen Akt des Opfers geben kann, der nicht ein Akt der Freude wäre. Das Wesentliche an diesem Gedanken ist: Aus dieser höchsten Natur, die Seligkeit ist, ist das Weltall hervorgegangen, aus dieser Selbstbeschränkung ist der Logos ausgegangen, der eben dieses Sein selbst ist. Der eigentliche Zweck dieser Selbstbeschränkung war es, die Seligkeit auszuströmen, die seine wesentliche Natur ist, damit, wenn der Zyklus des Daseins einmal vollendet sein wird, es viele individuelle Wesen geben möge, die diese vollkommene Seligkeit strahlend und freudevoll mit ihm teilen – eine Seligkeit, die stets wachsen sollte, je mehr sie sich ihm nähern. Elend gibt es nur in der vermeintlichen Ferne von ihm, infolge der Unwissenheit, in welche die Seele eingehüllt ist.

Halten wir also das Folgende als wesentlich fest: Das Gesetz des Opfers ist auf die göttliche Natur gegründet, und das höchste Opfer, durch welches das Weltall ausgestrahlt wurde, war ein Akt des Gebens dieser göttlichen Natur, die Seligkeit ist. Daher muss es der tiefere Sinn des Ganzen sein, diese Seligkeit mitzuteilen, zu erkennen, dass der Wurzelgrund des Opfers diese Freude ist, die er ausstrahlt, um viele zu jener Vereinigung mit sich selbst zu bringen, in der ein Frieden liegt, der alles Verstehen übersteigt.

Weshalb, so wird man mit Recht fragen, wird aber dann mit dem Begriff des Opfers stets der

Gedanke von Schmerz und Leid verbunden? Die Wurzel dieses Missverständnisses liegt im Wesen der niederen Natur. Ihre Anstrengungen waren anfänglich alle auf ein Ergreifen und Nehmen gerichtet, auf ein Festhalten an einem abgetrennten Ich. Diese niedere Natur ist in die Welt hinausgetreten, um Erfahrungen zu sammeln, während der höhere Mensch noch gar nicht entwickelt und sein Einfluss auf die niedere Natur noch sehr schwach war. Daher stürzte sich in den Anfangsstadien der Entwicklung die niedere Natur in die Welt der sinnlichen Empfindungen, wurde von ihnen hin und her gezogen, nach allem verlangend, was ihr gefiel, ohne Kenntnis des Wesens der Dinge, nur verleitet vom äußeren Schein. Immer wieder musste der Mensch in seiner niederen Natur darum erkennen, dass die Genüsse, wenn er sie erlangte, weniger befriedigend waren, als er es sich vorstellte. Immer wieder gab ihm die Natur Lektionen, die streng und schmerzlich waren. Wenn er so zur Erkenntnis gelangte, dass ein errungener Gegenstand des Verlangens keinen Wert besaß, muss sein erstes Gefühl ein herber Schmerz, eine tiefe Enttäuschung gewesen sein.

So besteht der Nutzen des Schmerzes darin, dem Menschen allmählich die Kenntnis des Gesetzes sowie die vergängliche Natur des sinnlichen Verlangens und der Befriedigung der tierischen Natur zu lehren. Auf solche Weise führt Leid zum Wissen, wie auch Freude zum Wissen führt, und indem sie Erfahrungen nach beiden Seiten der geoffenbarten Natur macht, sammelt die Seele Erkenntnisse von der den Dingen zugrunde liegenden Wirklichkeit.

Wenn der wirkliche Mensch so Einsicht auf Einsicht sammelt, fängt sein wachsendes Selbst an zu erkennen, was es wirklich ist. Wenn es Kenntnis in Weisheit verwandelt, wird diese

Weisheit zu einer steten Quelle reiner und unverfälschter Freude. Sie bedeutet ein stets wachsendes Schauen, wachsende Heiterkeit und Stärke, so dass für sie das, was für die niedere Natur Leiden bedeutet, nicht mehr unwillkommen ist, da es neue Erfahrung bringt. Wenn die Seele versteht, dass eine gierig verlangte Befriedigung dem wahren Menschen Enttäuschung und Trübsal bringt, verwandelt sie diese Erfahrung in Weisheit, so dass von diesem Standpunkt aus selbst Schmerz seine freudige Seite aufweist. Die Seele sieht dann in dieser Erfahrung nicht den vorübergehenden Schmerz der niederen Natur, sondern den Erkenntnisgewinn für die höhere, und sie ist sich dessen bewusst, dass es wertvoll war, diese Erfahrung gehabt zu haben, da sie Weisheit, tiefere Einsicht in die Natur und ein umfassenderes Verstehen des Gesetzes brachte.

Aber es bedeutet noch mehr. Das Niedere und

das Höhere befinden sich im Streit. Das Höhere will etwas Bestimmtes erreichen, und es muss durch das Niedere wirken. Das Niedere versteht das Ziel des Höheren nicht, aber ohne die Mitarbeit des Niederen kann das Werk des Höheren nicht ausgeführt werden. Daher kommt dieser Kampf mit der niederen Natur. Manchmal muss sie vorangetrieben, manchmal zurückgehalten werden, und aus all dem entsteht in ihr, da sie noch in Unwissenheit gehüllt ist, ein Gefühl des Eingeschränktwerdens, eines erzwungenen Aufgebens dessen, was sie zu haben wünscht. Aber allmählich beginnt die niedere Natur, wenn die höhere erfolgreich auf sie einwirkt, zu verstehen, dass es gut ist, wenn dies geschieht, selbst wenn mit dem Tun Leid verbunden ist, da der Gewinn dieses Leid wert ist. Die Anstrengung beim Überwinden von Schwierigkeiten, auch wenn die Anstrengung selbst Schmerzen bringt, hat doch einen solchen Gewinn an Kraft zur Folge, dass der vorübergehende Schmerz der Anstrengung sich in der Freude über die Errungenschaft verliert. So geht, wenn die Seele entwickelt ist, diese doppelte Arbeit im Intellekt des Menschen vor sich, und er wählt mit Bedacht schwierig auszuführende Aufgaben, weil er erkennt, dass sie wünschenswert sind. Doch er kann dies nicht vollbringen, ohne niedere Wünsche zu opfern, und er opfert sie und verbrennt sie sozusagen im Feuer der Einsicht. Er findet, wenn er das getan hat, dass er Fesseln verbrannt hat, die ihn niederhielten, und die Wirkung dieses Feuers, die schmerzvoll schien, in Wirklichkeit nichts anderes war als das Verbrennen eben dieser Fesseln. Wenn sich diese Erfahrung wiederholt, empfindet er immer stärker die Befreiung, die folgt, und immer schwächer das Leiden, durch das er die Freiheit gewinnt. So wird, von diesem inneren Standpunkt betrachtet, wieder Schmerz in Freude verwandelt. Wiederum wirkt die göttliche Alchemie, und der Mensch sieht, dass durch dieses Ausströmen das Höhere das Niedere an seiner Freude teilhaben und mehr und mehr von seiner dauernden Seligkeit fühlen lässt.

Wenn die Seele sich dann dem Tor des Tempels nähert und diesen Vorgang immer mehr versteht, sieht sie ein, dass dies wirklich der Prozess ist, durch den sie ihrer Beschränkung ledig wird und alles Leiden nur in diesen Beschränkungen liegt, die sie daran hindern, ihre Einheit sowohl mit ihren Brüdern als auch mit dem Göttlichen zu erkennen. Sie versteht, dass das Leid nur eine Folge der Absonderung der Seele von ihren Bruderseelen ist, die ihre Ursache in der Unwissenheit hat, und in der Überwindung dieser Unwissenheit auch das Leid überwunden wird. Aber die Seele sieht dann zugleich auch, dass diese trennenden Schranken nur scheinbare und keine wirklichen

Schranken, sondern eine Illusion sind. Sie beginnt daher damit, bewusst und zielstrebig an der Transmutation der Kräfte der niederen Natur zu arbeiten und diese durch einen alchemistischen Prozess so zu verfeinern, dass diese täuschenden Schranken überwunden werden.

Wir wollen zwei Fälle als Beispiele nehmen, um zu sehen, wie dies gemeint ist. Eine der größten Quellen von Leid in der niederen Welt ist das Verlangen nach Freude für das persönliche Ich, ohne Rücksicht auf die Wünsche und Gefühle anderer. Das Verlangen, sich abgesondert von anderen in einem kleinen eingezäunten Kreis zu freuen. Ist in diesem Freude suchenden Instinkt etwas, was durch das innere Feuer verwandelt werden könnte? Die stets in Leiden endende Sucht nach Freude kann in eine beglückende Triebkraft verwandelt werden, durch die *alle* an dem teilhaben, was *ei-*

ner gewonnen hat. Die Seele findet, dass sie diese Umwandlung bewirken kann, indem sie danach trachtet, schrittweise das Element der Absonderung bei diesem Suchen nach Freude auszumerzen, sich des Wunsches, andere auszuschließen, zu entledigen, und den Zaun des Unwissens, den sie um sich errichtet hat, niederzubrennen, so dass er sie nicht mehr von den anderen trennt. Wenn dann der Gedanke an eine Freude auftaucht und diese Freude erlangt wird, strömt das Selbst sich aus unter seine Brüder und trägt ihnen das Glück zu, das es gefunden hat. Wenn die Seele wächst und spirituelles Wissen erlangt, sieht sie mehr und mehr ein, dass Freude nur im Teilen gefunden werden kann und kein Besitz einen Wert hat, der nicht zum Geben bestimmt ist.

Nehmen wir nun einen zweiten Fall dieser spirituellen Alchemie – selbstsüchtige Liebe. Hier haben wir etwas Höheres als den Instinkt der Genusssucht, denn schon das Wort Liebe schließt zumindest etwas vom Geben an andere ein, sonst wäre es überhaupt keine Liebe. Aber es kann doch eine sehr selbstsüchtige Liebe sein, die weit mehr zu nehmen sucht als zu geben. Eine Liebe, die trachtet, so viel wie möglich von dem Gegenstand der Liebe zu erlangen, anstatt ihm so viel als möglich zu schenken, und die eben darum die unerfreuliche Eigenschaft der Exklusivität und der Eifersucht zeigt, das Bestreben, andere fernzuhalten, das geliebte Wesen für sich allein zu besitzen, gleichsam die Sonne abzudecken und sie nur auf die eigene Umwelt scheinen zu lassen, so dass niemand anderer von ihren Strahlen Nutzen zieht.

Wie soll eine derart selbstsüchtige Liebe verwandelt werden? Nicht durch eine Verminderung der Liebe – das ist der Fehler, den manche Menschen machen – nicht dadurch, dass man sie abkühlt, sondern dadurch, dass man sie stärkt, aber aufmerksam versucht, jene Elemente auszuscheiden, die sie erniedrigen, indem man wachsam ist. Sobald das niedere Selbst eine Mauer zum Ausschließen anderer zu bauen anfängt, muss ein höherer Wille diese Mauer niederreißen. Wenn das niedere Selbst für sich zu behalten wünscht, was ihm so wertvoll und bewundernswert erscheint, muss der höhere Wille sofort versuchen, den Nächsten daran teilhaben zu lassen. Wenn das niedere Selbst versucht, das geliebte Wesen anderen zu entziehen, muss der höhere Wille es freigeben, so dass andere sich seiner auch erfreuen können. Die Seele muss erkennen, dass das, was Freude schenkt, allen gegeben werden sollte, damit auch sie an dem Glück teilhaben, das man selbst von dem geliebten Wesen erfährt. Dann schwinden allmählich alle gröberen Elemente.

Wenn sich ein Gefühl der Selbstsucht, der

Eifersucht einstellt, muss man ihm sofort ein Ende setzen. Wenn sich das Gefühl einstellt: „Wir wollen allein bleiben und dies genießen", muss es so verwandelt werden, dass es lautet: „Wir wollen in die Welt hinausgehen und die Freude, die wir zusammen gefunden haben, mit anderen teilen." Durch einen solchen alchemistischen Prozess wird die Liebe zu göttlichem Mitgefühl, das über die ganze Welt der Menschen ausströmt. Die Liebe, die zuerst vielleicht nur die Liebe zwischen einem Mann und einer Frau war und sich dann auf den häuslichen Kreis ausbreitete, weitet sich dann weiter aus auf das Leben der Gemeinde, der Nation und der ganzen Menschheit, bis sie schließlich alles einschließt, was im Weltall lebt, in dem es nichts Lebloses gibt. Sie wird dadurch nichts von ihrer Tiefe verlieren, nichts von ihrer Wärme, Inbrunst und Kraft, aber sie wird sich auf das ganze Weltall ausgebreitet haben, statt auf ein einziges Herz konzentriert zu sein. Sie wird zu jenem Meer des Mitleids geworden sein, das alles einschließt, was fühlt und lebt. So würde diese Alchemie der Seele bei der Liebe wirken.

So können wir uns Eigenschaft auf Eigenschaft der niederen Natur vornehmen und werden sehen, dass das Wesentliche des Vorgangs darin besteht, die Absonderung zu überwinden, sie mit überlegtem Willen und Verständnis auszubrennen, und dass dieser Vorgang für den wahren, wirklichen Menschen eine Freude ist, so wenig dies der niedere Mensch in seiner Blindheit auch einsehen mag. Sobald er dies aber erkannt hat, verliert das, was Leid war, den Charakter des Leides und wird zur Freude, und selbst in der unmittelbaren Empfindung dessen, was sonst Leid wäre, überwiegt die Freude und verwandelt das Leid, weil die Seele Zweck und Ziel des Werkes sieht, und auch die niedere Natur beginnt, ihn zu verstehen.

Verfolgen wir den Gegenstand weiter, dann werden wir sehen, dass es noch einen anderen Weg gibt, auf dem diese Verwandlung vor sich gehen kann. Wenn dieses Feuer der Weisheit und Liebe, das göttliche Wesen des Menschen, sich immer tiefer in seiner niederen Natur ausdrückt, die erwähnten Schranken verbrennt und die niedere Natur nach seinem eigenen Bild gestaltet, so bedeutet dies auch ein Freisetzen von spiritueller Energie und Kraft. Dieses Selbst, das sich so im niederen Menschen offenbart, ist imstande, Energien und Kräfte hervorzurufen, die ein eigenartiges Ergebnis dieses Prozesses sind. Durch das Ausbrennen der niederen Kräfte werden zartere, höhere freigesetzt, so dass das Ergebnis der Verbrennung ein Freiwerden des geistigen Lebens ist, das gebunden war und sich nicht manifestieren konnte.

Nun aber, da die äußeren Hüllen verbrannt sind, ist es zum Wirken in der Welt frei geworden.

Wenn die Seele sich zu höheren Ebenen erhebt und ihre Identität *mit allem* und die Einheit *von allem* erkennt, beginnen wir, undeutlich den Umriss einer weiteren großen Wahrheit zu erkennen: Die Seele ist ihrer Einheit mit anderen Seelen fähig, vermag mit ihnen zu teilen und ihnen in vielerlei Art zu helfen. Das, was sie für sich behalten könnte, wird sie, da sie sich mit allen eins fühlt, notwendigerweise der Welt schenken.

So vermag eine solche Seele auch das, was man den Preis geistiger Anstrengungen nennen könnte – die geistige Ruhe und Seligkeit und das geistige Wachstum, die nicht mit anderen geteilt werden können – in einem freudevollen Akt, der eine Notwendigkeit für ihre Natur ist, hinzugeben, damit es zum gemeinsamen Besitz aller werde, sich über die ganze

Menschheit ausbreite und zu ihrer Entwicklung beitrage. So hören wir von Schülern, die auf ihr Devachan verzichten, von Adepten, die auf Nirvana verzichten, und wir verstehen dunkel, was es bedeutet: Sie haben einen Grad der Identifizierung ihrer selbst mit ihren Brüdern und Schwestern erreicht, der es für sie zu einer göttlichen Notwendigkeit macht, das, was sie errungen haben, mit anderen zu teilen. Die wahre Belohnung liegt für sie nicht in der Seligkeit des Devachan oder in der unvorstellbaren Schönheit von Nirvana, sondern die einzige Freude, um die es ihnen zu tun ist, besteht darin, alles, was sie besitzen und dessen sie sich erfreuen, dem Wohl aller zu opfern und dadurch die menschliche Rasse, der sie angehören, ein wenig zu heben.

Noch einen Einblick in eine andere Wahrheit erlangen wir von der Art und Weise, in der manchmal Hilfe gewährt werden kann. Wenn durch das Wirken des großen Gesetzes, das nie gebrochen werden kann, eine Seele Schmerz und Leiden befällt, das sie selbst in der Vergangenheit gesät hat, dann ist es für jemanden, der weiß, dass er und diese leidende Seele auf der Ebene der Wirklichkeit eins sind, möglich, dem Leidenden beizustehen. Dieser muss so nicht die unausbleiblichen Folgen auf sich nehmen, denn was der Mensch gesät hat, das muss er auch ernten. Wird aber ein helfendes Wesen Kraft und Stärke in die Seele des Leidenden hauchen, so dass ihr ein neues Verständnis erwächst, wird die Kraft der Seele, ihre Bürde zu tragen, und ihre Fähigkeit, ihre Aufgabe zu lösen, zunehmen. Es ist eine der größten Freuden und Belohnungen, die einer wachsenden Seele gewährt werden kann, wenn sie eine schwächere Seele sieht, die im Begriff ist, infolge ihrer Schwäche zusammenzubrechen, und sie dieser Seele einen neuen Hauch göttlichen Mutes und göttlicher Kraft einflößen kann sowie ein Verständnis, das ihr Hoffnung und Stärke zum Ertragen ihres Schicksals gibt. Eine Seele, der so geholfen wird, kann froh werden, während sie die Last ihres Karmas trägt. Die Hilfe, die ihr gegeben wird und die sie für jetzt und für die Zukunft stärkt, ist ein Ausströmen göttlichen Lebens aus der Ebene, auf der alle Seelen eins sind. Diese Ebene ist voll von jener geistigen Energie, die Hilfe bringen kann durch die ständige Vermittlung all der Wesen, die die göttliche Freude gefunden haben. Sie strahlen ihren Segen aus und kennen keine andere Belohnung als die, ihre Brüder zu dem Licht aufsteigen zu sehen, das sie selbst erreicht haben.

Doch wenn dies alles wahr ist, was soll dann der bedrückende Gedanke bedeuten, mit dem wir alle vertraut sind? Weshalb ist der geistige Pfad dann ein Weg des Leidens genannt worden, wenn er, je weiter man auf ihm emporschreitet, immer erfüllter von göttlicher Freude wird? Es ist nicht schwer zu begreifen, weshalb diese Bezeichnung gewählt wurde, wenn wir uns darüber klar werden, wem der Pfad zuerst als ein Weg des Leidens erscheinen muss. Wenn wir bedenken, dass bei diesem Erklimmen des steilen Bergpfades, bei der festen Entschlossenheit, die normale menschliche Entwicklung zu 'überholen', eine unausbleibliche Folge dieser Anstrengung sich einstellen muss, und zwar dahingehend, dass sich die Folgen vergangener Taten, die sich sonst über viele Leben verteilt haben würden, in wenigen Leben zusammendrängen müssen. Das Karma der Vergangenheit bricht über die Seele herein und erlangt, da es in so kurzer Zeit ertragen werden muss, eine dramatische Zuspitzung, und es kann mit einer verwirrenden Macht kommen, welche die Seele leiden lehrt wie nie zuvor. Aber es ist selbst dann in Wirklichkeit nicht die Seele, die den Schmerz fühlt – es ist die noch geblendete niedere Natur, die von der höheren vorangetrieben wird. Denn auch in diesem Augenblick bitterer Prüfung, wenn die Seele, die gewagt hat, das Schicksal herauszufordern, von all dem überschüttet wird, was sich in vielen vergangenen Leben angesammelt hat, befindet sich die Seele selbst an einem Ort des Friedens und ist froh, dass das, was sonst viele Leben lang gedauert hätte, nun rasch geschieht. Die Schlacke der Vergangenheit wird in einem Feuer, das heftig und heiß ist, aber doch nur kurze Zeit währt, völlig ausgebrannt, so dass sie selbst frei wird, um in das Leben vorwärtszuschreiten, das sie allein als erstrebenswert erkennt. Daher kommt es, dass dieser Pfad, von unten betrachtet, ein Pfad des Leidens genannt wurde; auch deshalb, weil der Mensch, wenn er ihn betritt, so vieles aufgibt, was der Welt als Freude erscheint. Aber die Seele, die entschlossen ist, emporzuklimmen, hat den Geschmack daran verloren, sie sehnt sich nach Freuden, die unvergänglich sind. Wenn auch der Pfad von außen einem Pfad der Entsagung gleicht, so ist es doch eine Entsagung, der auf der anderen Seite vermehrte Freude, Frieden und Glückseligkeit gegenüberstehen. Denn es ist nicht ein Pfad des Hinnehmens von Leid an Stelle von Freude, sondern das Aufgeben vergänglichen Glückes für ewige Seligkeit, das Aufgeben von Dingen, die durch äußere Umstände verloren werden können, für das, was innerer Besitz der Seele selbst ist, für Schätze, die kein Räuber je berühren, für Freuden, die keine Veränderung irdischer Umstände je dämpfen, stören oder umwölken kann.

Je weiter die Seele den Pfad hinanschreitet, desto inniger wird die Freude, denn wir sahen ja am Anfang, dass der Schmerz seine Wurzel in der Unwissenheit hat. Es ist wahr, dass sich deshalb oft bitterer Schmerz einstellt, ehe die Erkenntnis erreicht wird. Es ist der Schmerz derer, die oft eben wegen dieses Schmerzes sich aufmachen, den Pfad zu suchen. Es ist Trauer in ihren Herzen, wenn sie auf die Welt und die Menschheit schauen und auf allen Seiten Elend und Jammer erblicken. Wenn sie sehen, wie die Menschen Jahrhundert um Jahrhundert, Jahrtausend um Jahrtausend wiederkommen und nicht wissen, weshalb sie leiden, da sie jenen Stachel der Unwissenheit in sich tragen, der das eigentliche Wesen des Leides ist.

Aber ist es Ihnen nie aufgefallen, wenn Sie die Überlieferungen über das Leben der Großen der Menschheit betrachten, dass die Seelenkämpfe, die sie durchzumachen hatten, auftraten, ehe sie das Licht der Erkenntnis erschauten, ehe sie die Ursache des Elends zu erkennen vermochten, für das sie keine Heilung wussten? Wenn wir die Überlieferung vom Leben jenes göttlichen Menschen betrachten, den so viele Millionen Menschen unserer Tage als die wahre Blüte der Menschheit betrachten – das Leben des Buddha – so erinnern wir uns, wie er den Grund des Leides suchte, wie er durch Leid, Schmerz und Selbstverleugnung wandelte, wie er Frau und Kind, Wohlstand, Heimat und Königreich aufgab und nur mit der Schale des Bettlers in die Einsamkeit zog. Er schritt durch Jahre von Gefahr, Schmerz, Abtötung des Körpers, Finsternis und Kummer der Seele, die zu sehen versuchte und noch nicht sehen konnte, bis ihm endlich unter dem Bodhi-Baum die Erleuchtung zuteil wurde und er die Ursache des Leides erkannte. Von da an schwand das Leid, und von seinen Lippen ertönte der Ruf des Triumphes, der bis in unsere

Tage dringt und in Ewigkeit nicht verstummen wird.

Erinnern wir uns der Verse, in die der Dichter Edwin Arnold seine Worte kleidete:

„Ich, Buddha, weinte einst mit der
Brüder Schar,
das Weh der ganzen Welt
brach mir das Herz;
jetzt lache ich freudig,
denn Befreiung gibt es!“

Befreiung und Freiheit – und das ist Freude! Die Tränen quollen aus der Unwissenheit und Blindheit; das Herz war gebrochen durch das Weh der Welt, wie die Herzen der Menschen auch jetzt brechen, weil sie nicht erkennen. Aber es gibt Freiheit; und die Botschaft der Freiheit sagt, dass der Grund des Schmerzes in uns selbst liegt und nicht in der Außenwelt, dass er in unserer Unwissenheit liegt und nicht in der Natur der Dinge. So kommt es, dass, wenn das Licht kommt, mit ihm auch die Freude kommt und das Lachen des göttlich gewordenen Menschen. Denn das göttliche Licht hat seine Seele überflutet, er ist der Erleuchtete, der Weise; und für den Weisen gibt es nichts derartiges wie Leid. Für die vom göttlichen Licht erleuchtete Seele ist der Schmerz für alle Zeiten Vergangenheit.

5 AN DER SCHWELLE

Wir stehen jetzt vor dem goldenen Tor, das den Menschen in den großen Tempel einlässt, den „der, der ihn betritt, nie wieder verlässt". Wir wollen uns also den Zustand des Strebenden klarzumachen versuchen, der sich darauf vorbereitet, in den Tempel einzutreten, sich in die Schar jener einzureihen, die sich dem Dienst der Welt, der Arbeit für die Entwicklung der Menschheit geweiht haben.

Betrachten wir zunächst noch einmal jene, die im Vorhof weilen, mit deren Arbeit wir uns bisher beschäftigt haben, so scheint für sie alle eines charakteristisch zu sein. Sie unterscheiden sich deutlich voneinander in ihren geistigen und moralischen Eigenschaften sowie in dem Fortschritt, den sie gemacht haben. Aber eines haben sie alle gemein – und das ist ihr

Ernst. Sie haben ein bestimmtes Ziel im Auge. Entschlossen und wach verstehen sie, wonach sie streben, sie blicken auf die Welt mit einem ernsten Ziel in ihrem Leben.

Wer etwas von den heiligen Schriften anderer Länder versteht, wird sich erinnern, wie viel Gewicht dort auf diesen Ernst gelegt wird. Wenn wir in einige der alten Bücher indischer Glaubensanschauungen blicken, so finden wir, dass Nachlässigkeit als einer der gefährlichsten Fehler bezeichnet wird, stetiger Ernst dagegen als eine der wertvollsten Errungenschaften. Aber es ist gleichgültig, an welche Religion wir uns wenden, in dieser Beziehung finden wir überall volle Übereinstimmung. Wer die Stufe erreicht hat, von der wir jetzt sprechen, hat die Grenzen überschritten, die den einen Glauben von dem anderen trennen, er hat eingesehen, dass in allen Glaubensanschauungen die gleichen großen Lehren enthalten sind und alle religiösen Menschen nach dem gleichen Ziel streben. Da die großen Religionen alle von der gleichen großen Bruderschaft der Erleuchteten herstammen, ist es darum nicht überraschend, dass in den Schriften der verschiedenen Religionen die gleichen Zeichen als charakteristisch für den strebenden Pilger angegeben werden und sie alle die ernste Zielstrebigkeit als die wesentlichste Eigenschaft eines Menschen bezeichnen, der ein Schüler werden will.

Sehr klar und mehr ins Einzelne gehend als anderswo finden wir diese Eigenschaft im zweiten Kapitel des *Dhammapada* ausgeführt. Es heißt dort:

„Wenn ein ernster Mensch erwacht ist, wenn er nicht vergesslich ist, wenn sein Tun rein ist, wenn er mit Überlegung handelt, wenn er sich im Zaum hält und nach dem Gesetz lebt, wird sein Ruhm steigen."

„Durch Wachsamkeit, Ernst, Selbstbeherrschung und Mäßigkeit bereitet sich der Weise eine Insel, welche keine Flut überwältigen kann."

„Toren, Menschen mit schlechtem Wissen, folgen eitlem Wahn. Der Weise hält Ernsthaftigkeit für sein bestes Juwel."

„Folge keinem Wahn und auch nicht den Freuden der Liebe und Lust. Wer ernst und der Meditation ergeben ist, erlangt reichliche Freude."

„Wenn der erfahrene Mensch die Eitelkeit durch seinen Ernst vertreibt, erklimmt er, der Weise, die abgestuften Höhen der Weisheit und blickt herab auf die Toren; ruhig schaut er auf die sich plagende Menge, wie einer, der auf einem Berg steht, auf diejenigen herabblickt, die auf der Ebene weilen."

„Ernst und zielbewusst unter den Unbesonnenen, wach unter den Schläfern, kommt er voran wie ein Rennpferd, das den Ackergaul hinter sich zurücklässt."

„Durch ernste Zielstrebigkeit erhob sich Maghavan zur Höhe der Götter empor. Die Menschen preisen den Ernst; Unbesonnenheit und Gedankenlosigkeit werden stets getadelt."

„Ein Bhikshu, den Ernst und Eifer erfreuen und der mit Furcht auf Unbesonnenheit blickt, ist wie ein Feuer, er verbrennt alle seine Fesseln, die kleinen wie die großen."

Wenn wir auf die Arbeit des Strebenden, die wir verfolgt haben, im Ganzen zurückblicken, dann sehen wir, wie diese Eigenschaft ernster Zielstrebigkeit allem zugrundeliegt, der Läuterung der Natur, der Beherrschung der Gedanken, dem Aufbau des Charakters und auch der Verwandlung der niederen Eigenschaften in höhere. Das ganze Werk hat den Ernst zur Voraussetzung, das Erkennen der Aufgabe und das entschiedene Streben nach dem Ziel.

Für den, dessen Augen geöffnet sind, kann dies, nebenbei gesagt, schon aus der Aura dieser Strebenden erkannt werden. Diese Aura ist in den frühen Zeiten der Entwicklung des Menschen ein sehr nebelhaftes Ding, und erst mit der fortschreitenden Entwicklung der Seele nimmt sie eine bestimmtere Form und Gestalt an. Bei den Strebenden im Vorhof kann nun der Sehende wahrnehmen, dass ihre Aura nicht nur eine bestimmte Zeichnung und Begrenzung aufweist, sondern dass in ihr auch sehr ausgesprochene Eigenschaften deutlich sichtbar werden. Es ist dies das äußere Zeichen der inneren Bestimmtheit, welche die Seele sich angeeignet hat. Diese äußeren Zeichen sind für jeden Beobachter, der eine über das Physische hinausgehende Kraft des Sehens in sich entfaltet hat, deutlich erkennbar, so dass sie diese Strebenden eindeutig kennzeichnen und man über sie nicht verschiedener Meinung sein kann.

Um aber nun zum Weg des geistigen Suchers zurückzukehren: Die großen, wegweisenden

Einweihungen, deren erste nach dem Durchschreiten des goldenen Tores erfolgt, liegen noch vor ihm. Aber Einweihungen des Lebens begegnen dem Pilger ständig auf dem Wege seines täglichen Lebens. Man kann das Leben wahrlich als den großen Einweiher bezeichnen. Die Feuerproben des Lebens sind es, die die Stärke des Strebenden erproben und seine Fähigkeiten entwickeln.

In der wunderbaren kleinen Abhandlung *Licht auf den Pfad*[*)] können wir vier Lehren finden, von denen gesagt wird, dass sie im Vorraum des Tempels jeder wahren Bruderschaft für die Kandidaten geschrieben stehen. Sie sind in mystische Sprache gekleidet, aber doch verständlich, wenn man die Worte, wie dies stets bei mystischer Ausdrucksweise notig ist, nicht zu buchstäblich nimmt, sondern als Ausdruck

---

*) Mabel Collins: *Licht auf den Pfad*, Edition Adyar, Grafing 2001

einer inneren Wahrheit. Die vier großen Wahrheiten lauten:

„Ehe das Auge sehen kann, darf es der Tränen nicht mehr fähig sein."

„Ehe das Ohr hören kann, muss es seine Empfindlichkeit verloren haben."

„Ehe die Stimme in Gegenwart der Meister sprechen kann, muss sie die Macht des Verletzens verloren haben."

„Ehe die Seele vor den Meistern stehen kann, muss das Blut des Herzens ihre Füße netzen."

Die inspirierte Autorin von *Licht auf den Pfad* wurde etwas später dazu angeregt, einige Erläuterungen zu dieser Abhandlung zu schreiben. Sie verdienen sorgfältiges Studium, denn sie können dem Studierenden helfen, die allzu große Buchstäblichkeit, von der ich sprach, zu vermeiden und den tieferen Sinn dieser vier Wahrheiten zu erfassen.

In diesen Erläuterungen wird gesagt, es sei

der Sinn des ersten Satzes, dass die Seele von einem Leben der Sinneswahrnehmungen in ein Leben der Erkenntnis übergehen müsste. Sie muss über den Bereich hinausgelangen, in dem sie ständig von den heftigen Schwingungen erschüttert wird, die durch die Sinne zu ihr gelangen, sie muss in den Bereich der Erkenntnis eintreten, wo Festigkeit, Ruhe und Frieden herrschen. Die Augen sind die Fenster der Seele, und diese Fenster werden getrübt und undurchsichtig, denn durch die Wirkungen der lebhaften Empfindungen, gleichgültig ob von Freude oder Schmerz, entsteht ein Nebel, der sich vor die Fenster der Seele breitet, so dass sie nicht klar sehen kann, wenn sie hindurchblicken will. Dieser Nebel wird deshalb mit dem Ausdruck „Tränen" beschrieben, weil diese als Symbol für heftige Gemütsbewegungen dienen können, gleichgültig ob sie aus Schmerz oder Freude entstehen. Solange die Augen nicht unfähig zu solchen Tränen geworden sind, solange die Fenster der Seele von außen getrübt werden können, ist es unmöglich, dass die Augen der Seele wirklich sehen. Es ist nicht so, dass der Schüler etwa seine Sensitivität verlieren müsste; aber nichts von außen Kommendes darf mehr fähig sein, ihn aus dem Gleichgewicht zu bringen. Er hört nicht auf, zu leiden oder sich zu freuen, denn es wird gesagt, dass er sowohl Freude als auch Leid sogar lebhafter empfinden wird als andere Menschen. Aber weder Freude noch Leid können ihn in seiner Zielstrebigkeit erschüttern oder aus dem festen Gleichgewicht stoßen, das auf der Stetigkeit der Erkenntnis beruht, die er erlangt hat. Diese Erkenntnis ist ein Verstehen des Dauernden, und daher wird es dem Vergänglichen und Unwirklichen unmöglich, einen Schleier über die Schau der Seele zu werfen.

So ist es auch mit der zweiten Wahrheit: „Das Ohr muss seine Empfindlichkeit verloren haben.“ Es muss den Ort der Stille erreicht haben; denn obgleich die Stimme der Meister fortwährend ertönt, hören die Ohren der Menschen diese Stimme nicht, solange sie von den Geräuschen des äußeren Lebens erfüllt sind. Es ist darum nötig, dass eine zeitweilige Stille eintritt und der Schüler an einen Ort des Schweigens gelangt, um den wahren Klang zu hören. Dieser Ort des Schweigens wird eine Zeit lang fast den Eindruck erwecken, als hätten die Empfindungen aufgehört, infolge der vollkommenen Ruhe, die dort herrscht, infolge der durch nichts unterbrochenen Stille, deren die Seele sich bewusst wird. Dies bedeutet Schwierigkeiten und Kampf, wenn dieses Schweigen zum ersten Mal gefühlt wird. Da wir so gewöhnt an die Geräusche um uns sind, befällt die Seele, wenn dieses Schweigen hereinbricht, ein Gefühl des Nichtseins, es ist ihr, als träte sie in einen Abgrund ohne Halt, in eine Finsternis, die sich wie ein Leichentuch über die Seele breitet, es befällt sie ein Gefühl absoluter Einsamkeit und Leere, als sei mit dem Aufhören aller Geräusche des Lebens auch alles Leben selbst erstorben. Und obgleich der Meister selbst da ist, fühlt der Schüler, so wird gesagt, seine Hand nicht, die ihn hält. Er hat den Meister und alle, die vor ihm auf dem Pfad wandelten, aus den Augen verloren, und es ist ihm, als schwebe er allein im Raum. In diesem Augenblick der Stille scheint das Leben unterbrochen, es scheint alles stillzustehen, sogar das Leben der Seele selbst.

Durch diese Stille aber geschieht es, dass die Stimme von der anderen Seite ertönt; und wenn diese Stimme einmal in der Stille gehört wurde, dann wird sie in Zukunft für immer auch durch alle Geräusche hindurch gehört. Das Ohr wird immer für sie offen sein. Kein irdischer Ton kann auch nur für einen Augenblick den harmonischen Klang dämpfen, der einmal zu der Seele gesprochen hat.

Diese beiden Wahrheiten, so wird gesagt, müssen empfunden und erlebt werden, bevor das wahre goldene Tor berührt werden kann, bevor der Strebende an der Schwelle stehen und der Erlaubnis harren kann, in den Tempel einzutreten. Die beiden anderen Wahrheiten scheinen nach der Beschreibung, die von ihnen gegeben wird, mehr zum Leben im Tempel selbst zu gehören als zu dem außerhalb. Vieles, was erst jenseits des Tores zu vollbringen ist, wird schon außerhalb des Tempels angedeutet, damit der Strebende die Richtung weiß, in die er zu wandern hat, und sich auf die Arbeit vorbereiten kann, die im Tempel auf ihn wartet.

Es heißt, dass die Kraft, in Gegenwart des

Meisters zu sprechen, das Anrufen der erhabenen Macht bedeutet, die an der Spitze des Strahles steht, dem der Strebende angehört. Es ist der Ruf nach Erkenntnis, und die Antwort auf diesen Anruf ist die Verleihung der Kraft, die erlangte Erkenntnis durch das Wort zu verkünden. So wird er dadurch zu einem Glied in der Kette, die die Höchsten mit den Niedersten verbindet, und das Wissen, das er dort, wo er steht, empfängt, vermag er an die weiterzugeben, die noch nicht dort stehen. Diese Macht der Sprache – nicht so sehr der äußeren Rede, die mehr zu den niederen Ebenen gehört, sondern der wahren Sprache, die von Seele zu Seele spricht und denen den Weg zeigt, die ihn suchen, ihnen die Wahrheit zeigt, die durch Worte nur so unvollkommen ausgedrückt werden kann – diese Kraft, von Seele zu Seele zu sprechen, wird dem Neophyten nur dann gegeben, wenn er sie für den Dienst am

Nächsten begehrt, wenn er zu einer der Zungen lebendigen Feuers werden will, die zu den Menschen von dem Geheimnis sprechen, das sie suchen.

Dann kommt als letzte Wahrheit, dass nur der in Gegenwart der Meister stehen kann, dessen Füße vom Blut des Herzens benetzt worden sind. Es wird erklärt, dass so, wie die Tränen den Saft des Lebens bedeuten, die Folge heftiger Empfindungen, das Blut des Herzens das Leben selbst versinnbildlicht. Wenn gesagt wird, dass die Füße vom Blut des Herzens benetzt worden sind, so bedeutet dies, dass der Schüler sein Leben nicht mehr für sich selbst beansprucht, sondern gewillt ist, es auszuströmen, so dass alle Welt daran teilhaben kann. Er hat kein Verlangen mehr nach einem Leben für sich selbst. Er strebt nicht mehr danach, geboren zu werden um dessentwillen, was er dadurch erlangen oder erfahren kann. Er hat es aufgegeben, das Leben um seiner selbst willen anzustreben, er bewahrt es nur mehr, um dem Wohl der Menschheit zu dienen. Nur wenn er so alles hingibt, was sein ist, kann er in Gegenwart jener stehen, die alles hingegeben haben.

Es ist offensichtlich, dass diese beiden letzten Wahrheiten dem Leben im Inneren des Tempels zugehören und nicht dem Streben im Vorhof. Denn das völlige Aufopfern alles Lebens, das Aufgeben von allen Wünschen außer dem zu geben, ist in seiner Vollendung eine Errungenschaft der Allerhöchsten unter denen, die an der Schwelle zur Adeptschaft stehen, es ist einer der letzten Triumphe des Arhat, der unmittelbar vor der Stufe steht, auf der alles Wissen erlangt und nichts mehr zu erlernen und zu gewinnen ist.

Aus dem Betrachten der Schritte, die zur Schwelle des Tempeltores hinführen, können wir schließen, was jene Strebenden für Menschen sind, die eintrittsbereit an der Schwelle stehen. Es sind Menschen mit noch vielen Unvollkommenheiten, mit vielem, was sie noch zu bewältigen haben, mit noch manchem Leben vor sich, in denen vieles errungen werden muss, ehe sie die erhabene Stellung eines Adepten erreichen. Aber es sind Menschen mit einem bestimmten Lebenszweck, mit klarem Charakter und reiner Lebensführung. Ihre Leidenschaften sind ausgelöscht oder doch im Begriff, ausgelöscht zu werden, sie haben Selbstbeherrschung erlangt und haben das sehnende Verlangen zu helfen und ihr Leben weiter zu veredeln.

Wagen wir es nun, uns einen Augenblick auf die Schwelle selbst zu stellen und zu versuchen, in den Tempel hineinzublicken, auf die vier Stufen des Weges, der innerhalb des Tempels liegt, und die vier Pforten, die durchschritten werden müssen – die vier großen Einweihungen!

Die erste, die oft als die Einweihung dessen beschrieben wird, der „in den Strom eintritt", kennzeichnet einen bestimmten Schritt, den Schritt über die Schwelle in den Tempel hinein, den er nie wieder verlässt, nie wieder, denn auch wenn er der Welt dient, ist er immer im Tempel. In einer Fußnote der „Stimme der Stille" heißt es, dass es sehr selten ist, dass ein Schüler, der in den Strom eintritt, das Ziel noch im selben Leben erreicht, sondern es gewöhnlich noch sieben Leben erfordert, bis er den letzten Schritt zum Ziel getan hat. Vielleicht ist dies allerdings nicht zu wörtlich zu nehmen, und oft mögen es nicht Leben von der Wiege bis zum Grab sein, sondern Stufen des Fortschrittes, Abschnitte innerhalb eines Lebens.

Zwischen den Pforten werden gewisse Schwächen, Fesseln genannt, abgeworfen. Aber es ist dies nun nicht mehr ein unvollkommenes Arbeiten, wie im Vorhof. Hier, innerhalb des Tempels, muss jedes Werk, das begonnen wird, vollkommen ausgeführt werden, und die Fesseln genannten Schwächen müssen für immer beseitigt werden. Von dem, der die zweite Einweihung erfährt, heißt es, dass er nur noch einmal geboren wird – notwendigerweise ehe die Kette, die ihn an Geburt und Tod fesselt, fällt. Freiwillig mag er noch oft wiederkommen, aber das geschieht dann auf Grund seines eigenen freien Willens zu dienen und nicht mehr durch ein Gebundensein an das Rad von Geburt und Tod.

Wenn er diese Stufe durchschritten hat und die dritte Pforte, die dritte große Einweihung, erreicht, dann wird er „der, der nicht wiedergeboren wird"; denn in derselben Geburt soll er auch die vierte Stufe ersteigen, die ihn an die Schwelle von Nirvana führt, und dort kann es kein Gesetz mehr geben, das die Seele bindet, denn jede Fessel ist zerbrochen und die Seele ist frei. Die vierte Stufe ist die des Arhat, auf der die letzten Fesseln endgültig abgeworfen werden.

Können wir uns diese letzten vier Schritte überhaupt auf irgendeine Weise ausmalen? Können wir, wenn auch nur in unbestimmten Umrissen, erkennen, welche Aufgaben zu erfüllen sind, um diese vier Tore durchschreiten zu können und wie sich das Leben dort von dem auf dieser Seite unterscheidet? Wir lesen davon in Büchern, die ihre Weisheit durch Strahlen des Lichtes aus dem Inneren des Tempels erhalten haben. Aber wir wollen uns mit diesen Andeutungen hier nicht im Einzelnen befassen, denn unser Thema sind die Aufgaben im Vorhof des Tempels, und nicht das Leben im Innern des Tempels selbst.

Nur einiges Weniges wollen wir uns vor Augen halten, um zu verstehen, weshalb die Anforderungen schon so streng sind, ehe die Schwelle des Tempels selbst überschritten wird, ehe jene, die den Schlüssel in den Händen haben, das Tor öffnen, wenn der Wartende davor steht und um Einlass bittet.

Es ist leicht einzusehen, dass die Bedingungen, die wir besprochen haben, teilweise erfüllt sein müssen, bevor der Strebende die Schwelle überschreiten kann. Jeder Schritt, den er auf der anderen Seite tut, bringt größere Kräfte in seinen Besitz. Dort wird er befähigt, auf eine Weise zu handeln und zu leben, wie es auf dieser Seite unmöglich ist. Sein Sehen, sein Hören und sein Tun wird ihn sehr verschieden machen von allen Menschen um ihn her, da er Kräfte besitzt, die sie nicht teilen, da er schauen kann, wie sie es nicht können, da er Kenntnisse hat, die ihnen verborgen sind. Da dies so ist, ist es auch nötig, von ihm zu verlangen, dass er selbst sich von ihnen unterscheidet, ehe ihm diese Kräfte zuteil werden, denn wenn er einmal in ihrem Besitz ist, dann hält er sie und kann sie benützen.

Nehmen wir einmal an, er hätte noch einige der in der äußeren Welt so verbreiteten Schwächen, er würde durch Fehler jener, die ihn umgeben, leicht gereizt, er würde durch Geschehnisse des Alltagslebens leicht aus dem Gleichgewicht gebracht. Er könnte seine Stimmungen nicht beherrschen, sein Mitgefühl sei noch nicht stark und tief, so dass er, wenn ein anderer ihn beleidigte, Zorn empfände statt Mitleid und Ärger statt Nachsicht. Angenommen er habe noch wenig Duldsamkeit und Langmut, was würde das Ergebnis sein, wenn ein solcher Mensch über die Schwelle gelassen und ihm diese Kräfte verliehen werden würden, die ihn über den gewöhnlichen Menschen erheben, selbst wenn dies nur in unvollkommenem Maße geschähe? Würde dann nicht die Gefahr, ja die Gewissheit bestehen, dass diese bei den Menschen in der Welt so gewöhnlichen kleinen Fehler katastrophale Folgen haben würden, dass diese neuen Kräfte seiner Seele, wenn er zornig wäre, ihn zu einer Quelle der Gefahr für seine Mitmenschen machen würden?

Angenommen, er wäre nicht duldsam, er hätte noch nicht die Kraft des Mitempfindens und hätte keine Nachsicht für die Schwächen, die er schon überwunden hat, im Wissen, wie leicht es zu solchem Versagen kommt – wie würde dann seine Stellung unter den Menschen sein, wenn er fähig wäre, ihre Gedanken zu lesen und ihre Fehler zu bemerken? Was würde geschehen, wenn der Charakter, den wir vor anderen unter äußerem Schein verbergen, ihm nicht mehr verborgen wäre, sondern ihm klar und ausgeprägt vor Augen stünde, wenn er stets sehen könnte, wie die Menschen sind, anstatt nur, wie sie in der Außenwelt zu sein scheinen? Sicherlich würde es weder gerecht noch gut sein, eine solche Fähigkeit – und es ist dies eine der geringsten auf dem Pfad – jemandem zu verleihen, der nicht aus seinen eigenen Kämpfen gelernt hat, mit dem Schwächsten mitzufühlen, der nicht in Erinnerung an seine eigenen Fehler Hilfe und Mitgefühl bietet, statt zu verurteilen.

Es ist daher nur recht und billig, dass die Anforderungen an den Anklopfenden streng sind, der um die Erlaubnis bittet, die Schwelle zu überschreiten. Wenigstens von diesen gewöhnlichen menschlichen Fehlern darf nur mehr wenig übrig sein, wenn er in den machtvollen Tempel hineintritt, in dem nur Platz für diejenigen ist, die der Menschheit helfen und ihr dienen und sie lieben. Auch ist die Arbeit, die er im Tempel auszuführen haben wird, so gewaltig, dass er notwendigerweise schon einigen Fortschritt gemacht haben muss, ehe er damit beginnen kann, alle Spuren menschlicher Schwäche abzulegen, alles Wissen zu erlangen, das innerhalb der Grenzen unseres Sonnensystems erlangt werden kann, und jene Kräfte zu entwickeln, die dieses Wissen in die Reichweite seines Willens bringen, so dass bloß dadurch, dass er die Aufmerksamkeit auf etwas richtet, alles, was davon erkannt werden kann, in das Wissen des Beobachters übergeht. Denn von solcher Art und nicht geringer ist die Stellung des Adepten. Der Adept ist der, „der nichts mehr zu lernen braucht". Die Adeptschaft ist zwar der letzte Schritt im Innern des Tempels, aber der Weg dahin muss in einem verhältnismäßig kurzen Zeitraum zurückgelegt werden – eine Aufgabe, so riesenhaft, dass sie jenseits der Möglichkeit zu liegen schiene, wenn sie Menschen nicht schon ausgeführt hätten und immer noch ausführten. Denn was will dieser kurze Zeitraum von wenigen Leben bedeuten, um einen solchen Fortschritt zu machen, von der verhältnismäßig niedrigen Stufe der ersten Einweihung bis zu der erhabenen Höhe, auf der der Adept steht, die wahre Blüte und das Ziel menschlicher Entwicklung? Da nichts als dies die Aufgabe ist, da nicht der geringste Zug menschlicher Schwäche oder Unwissenheit dem Arhat anhaften darf, der zur letzten Einweihung bereit ist, so ist es kein Wunder, dass das Fundament, welches das Gewicht eines so mächtigen Gebäudes zu tragen hat und auf dem ein solch gewaltiger Überbau errichtet werden soll, stark und fest gebaut werden muss.

Es bleibt zu bedenken, dass für den, dessen Augen geöffnet sind, die Aufgabe noch viel größer erscheinen muss als für die, die noch diesseits des Tores wandeln und deren Augen trübe sind; denn er kann jene, die darüber hinaus sind, klarer sehen und besser die Entfernung messen, die ihn noch von ihnen trennt. Wie gering muss ihm im Licht ihrer vollkommenen Glorie sein eigenes Wirken erscheinen, wie arm und schwach alles, was er zu leisten vermag, im Licht ihrer vollkommenen Kraft, und wie fast unermesslich seine Unwissenheit im Licht ihrer vollkommenen Erkenntnis – und nur eine so kurze Anzahl von Leben, in denen dieser Pfad zurückgelegt werden muss!

Aber die Möglichkeit des Erreichens und die Stärke der Hoffnung auf Gelingen ist darin begründet, dass der Strebende mit dem Überschreiten der Schwelle in Lebensbedingungen übergeht, die sehr verschieden von jenen diesseits der Schwelle sind. Wir können zwar die Zustände auf der anderen Seite natürlich nicht vollständig übersehen, aber wir können uns doch einige vorstellen, die uns diese Verschiedenheit zeigen.

Vor allem ist da die Tatsache, dass die Menschen, die dort sind, verstehen – und an diesem Wort „verstehen“ liegt viel! Wir erinnern uns der Worte des Triumphes, die von den Lippen des Buddha kamen, als er das Ende des Gebundenseins und das Erlangen der Freiheit verkündete:

„Ihr leidet durch euch selbst. Kein anderer zwingt, kein anderer hält euch, im Leben und im Sterben.“

Der Mensch, der die Schwelle überschritten hat, weiß, dass dies wahr ist. Die Menschen leiden durch sich selbst, sie sind nicht gezwungen. Wer das versteht, für den muss sich die ganze Welt vor seinen Augen verändern und auch die Schwierigkeiten des Pfades müssen in einem anderen Licht erscheinen, sobald wir verstehen und wirklich einsehen, dass alle Mühen und Schwierigkeiten der Welt aus dem Unwissen erwachsen, dass die Menschen leiden, weil sie nicht wissen, dass sie von einem Leben zum anderen schreiten. Sie wachsen so wenig und der Gewinn jedes Lebens ist so gering, weil sie nicht wissen, dass das ganze Rad von Geburt und Tod sie nur wegen ihres Mangels an Wissen und Einsicht an sich gebunden halten kann. In Wirklichkeit sind sie frei, wenn sie dies nur erkennen könnten. Sobald wir dies alles verstehen, verändert die ganze Welt ihr Aussehen, und wenn ein solcher Mensch, der die Schwelle überschritten hat, auf die Welt mit all ihrem Elend, ihren tränenden Augen und brechenden Herzen zurückblickt, weiß er, dass all dies mit dem Überwinden des Unwissens ein Ende haben wird. Auch wenn er noch nicht von allen Sorgen frei ist, so ist doch alles das für immer von ihm genommen, was die Seele einst in Hoffnungslosigkeit und Verzweiflung versetzte.

Doch das ist nicht der einzige Wechsel in seinem Seelenzustand. Eine der großartigsten Errungenschaften, die er nach dem Überschreiten der Schwelle sein eigen nennen wird, ist das Erlangen eines Bewusstseins, das nicht mehr unterbrochen wird, über das der Tod keine Gewalt mehr hat und über das keine Geburt mehr den Schleier des Vergessens breiten kann. Sein Bewusstsein wird in den Leben, die vor ihm liegen, ein dauerndes, ununterbrochenes sein. Sein Selbstbewusstsein wird ein ganzheitliches Wissen sein, so dass die Seele vorwärts und rückwärts schauen kann und sich stark fühlt im Wissen des unsterblichen Selbst. Bedenken wir, wie dies das ganze Leben verändert! Denn zwei der schwersten Kümmernisse, die auf dem Menschen lasten, sind Trennung und Tod. Trennung, wenn Hunderte oder Tausende von Meilen Freund von Freund trennen, und jene Trennung, die durch den Wechsel der Daseinsbedingungen entsteht, wenn sich zwischen die Seele, die noch im Körper ist, und die Seele, die schon jenseits ist, der Schleier des Todes senkt. Aber Trennung und Tod existieren nicht für den, der die Schwelle überschritten hat. Bis zu einem gewissen Maße mag er sie noch fühlen, da die Fessel der Unwissenheit noch zum Teil an ihm haftet, er mag Schmerz empfinden, aber weder Trennung noch Tod können sein Leben wirklich umwölken. Die Trennung existiert für ihn nur, während er sich im Körper befindet, und er kann nach Belieben aus seinem Körper heraustreten und dahin gehen, wo weder Raum noch Zeit ihm Grenzen setzen. So sind zwei der größten Leiden für alle Zukunft aus seinem Leben gestrichen, kein Freund kann ihm verlorengehen und kein Tod kann diejenigen von seiner Seite reißen, die mit ihm durch die Bande des Lebens verknüpft sind.

Doch ist auch dies noch nicht alles, was an ungeheuren Veränderungen ins Leben des Jüngers eintritt. Er weiß auch, dass er nicht mehr zurücksinken wird. Er wird nicht wieder unbewusst zur Welt kommen, um vielleicht ein halbes Leben dadurch zu vergeuden, dass er nicht weiß, was er sucht, er wird nicht wieder mit durch den Schleier der Materie getrübter Schau und in Unkenntnis des Zweckes des Lebens zurückkommen – er kehrt schon noch zurück, doch mit Wissen und zu neuem Fortschritt. Wenn dennoch eine Verzögerung seines Fortschrittes eintritt, so wird dies nur sein eigener Fehler sein.

Weiterhin werden sich seine Lebensbedingungen ändern durch die neue Gemeinschaft, in welche er eintritt, eine Gemeinschaft, in der es keine Trübungen, keine Zweifel und keine Verdächtigungen mehr gibt, eine Gemeinschaft, die hoch über die Nebel der Erde erhaben ist. Denn nach dem Überschreiten der Schwelle sieht er die großen Lehrer von Angesicht zu Angesicht, und durch die Möglichkeit, mit ihrer erhabenen Gemeinschaft in Berührung zu komen, ist das ganze Leben für ihn für immer verwandelt. Er ist in Berührung mit dem Ewigen gekommen, und das Vergängliche kann ihn nicht mehr erschüttern.

So gewaltig die Aufgabe des Schülers auch sein mag, die Bedingungen, unter denen er arbeitet, sind so andersartig, dass wir das Bestehen der Möglichkeit, die Aufgabe zu bewältigen, begreifen können. Da die Bedingungen so verschieden sind, geht die Entwicklung in diesen erhabenen Höhen schneller vor sich, als wir ahnen, und die Kräfte der Seele entfalten sich, da die Dunkelheit gewichen und das Licht aufgegangen ist.

Wenn wir auf die Stufen blicken, die der Jünger im Tempel zu ersteigen hat, dann sehen wir, dass die letzten Phasen menschlicher Schwäche eine nach der anderen verschwinden und die Seele stark, ruhig und rein hervorstrahlt. Die Täuschung des niederen Selbst ist weggefallen, und alle Menschen werden als eins mit dem wahren Selbst erkannt. Der Zweifel ist verschwunden, Erkenntnis ist an seine Stelle getreten. Sobald die Seele die Wirklichkeit der Dinge erschaut, ist aller Zweifel für immer unmöglich. Auch alle Abhängigkeit von Äußerem und Vergänglichem fällt von der Seele ab, denn in diesem lebendigen Kontakt mit den Wirklichkeiten müssen alle äußeren Dinge die ihnen gebührenden Plätze einnehmen. Die Seele lernt, wie unwesentlich das Äußere ist und wie alle Dinge, die die Menschen trennen, nur Schatten sind und keine Wirklichkeiten, dass alle Unterschiede von Religionen, exoterischen Riten und Zeremonien der niederen Welt angehören, dass sie nur täuschende Mauern sind, die zwischen den Seelen der Menschen aufgerichtet wurden. Diese schattenhaften Fesseln fallen von der lernenden Seele ab, und die Kräfte der Seele, des Sehens und des Hörens, entfalten sich. Erkenntnisse strömen von allen Seiten auf die Seele zu, und die ganze Seele ist für sie empfänglich. Sie ist nicht länger durch die Sinne beschränkt, wie hier unten, nicht länger gelangen nur Bruchteile des Wissens zur Kenntnis der Seele, während das ganze übrige Universum ausgeschlossen ist – das Wissen fließt von allen Richtungen in die Seele, die sich weit geöffnet hat, um es aufzunehmen.

Wenn wir dann zu der letzten Einweihung gelangen, die vor der höchsten kommt, zu jener Einweihung, die den Menschen zum *Arhat* macht, finden wir, dass es für uns unmöglich ist zu verstehen, welche Fesseln es dort überhaupt noch geben kann. Sehr wahr ist, was geschrieben steht, dass der Weg des *Arhat* „schwer zu erkennen ist, wie der des Vogels in der Luft", denn gleich diesem scheint er keine Fußspuren zu hinterlassen. Ungebunden zieht er seines Weges dahin; und von der hohen Atmosphäre herab, in der er sich bewegt, strömt ein Gefühl unerschütterlichen Friedens, den nichts mehr stören kann, eine ungetrübte Heiterkeit und Ruhe. Wir verstehen daher, weshalb von einem solchen geschrieben wird, dass „doch kein Leiden mehr dessen harrt, der seine Pilgerfahrt beendet hat, und alle Betrübnis hat ihn verlassen, der sich befreit hat nach allen Seiten und abgeworfen hat seine Fesseln". Solcher Art ist der *Arhat*, der auf dem Gipfel des Berges steht, er, der nur noch einen Schritt zu tun hat und dann nichts mehr zu lernen haben wird. Solcher Art ist das Ziel und ist der Pfad, den alle betreten können, solcher Art ist das Ende des Ringens – und das Ende ist vollkommener Friede.

*

Vielleicht habe ich beim Zeichnen der Schritte auf dem vorbereitenden Pfad und bei der Schilderung dessen, was jenseits des Tores liegt, mit unvollkommenen Worten zu hart gesprochen. Vielleicht habe ich den Pfad mit zu trüben Farben gemalt. Wenn dem so ist, liegt der Fehler bei mir. Wohl gibt es auf diesem Pfad Schwierigkeiten und Leiden, aber niemand von denen, die den Vorhof betreten haben, geschweige denn von jenen, die das Tor des Tempels durchschritten haben, würde um alles in der Welt zurückkehren, woher er kam. Für die, die die Schwelle überschritten haben, gibt es nichts, was die Erde ihnen bieten könnte, was sie auch nur zurückschauen ließe nach der Welt, die sie hinter sich gelassen haben.

Denn der Pfad, der sich vor uns erstreckt, ist von solcher Art, dass seine Schmerzen besser sind als die Freuden der Erde und seine Leiden herrlicher als die Genüsse der Welt. Wenn wir in die kurze Spanne des menschlichen Lebens alle Freuden zusammendrängen könnten, welche die Erde gewähren kann, wenn wir es anfüllen könnten mit allem, was die Menschen nicht nur an Genüssen der Sinne, sondern auch an Freuden des Intellektes kennen, wenn wir alles Leid und alle Müdigkeit von ihm fernhalten könnten – verglichen mit den Schritten auf dem Pfad würde das Leben der irdischen Freuden trübe und düster erscheinen, und seine Harmonien würden wie Dissonanzen erscheinen neben dem Wohlklang, der von drüben ertönt. Während man auf ihm wandelt, wird der Pfad immer heller, je mehr die Unwissenheit weicht;

er wird immer friedvoller, je mehr die Schwäche überwunden wird, und heitere Ruhe breitet sich aus, je weniger Kraft die Schwingungen der Erde haben, zu verwirren und zu stören.

Wie sein Ende ist, können nur jene sagen, die ihn bis zum Ende gewandelt sind, wie er am Ziel ist, können nur jene wissen, die dort stehen. Aber schon die, die noch auf seinen unteren Stufen schreiten, wissen, dass seine Leiden Freuden sind im Vergleich zu den Freuden der Erde, und dass die allerkleinste seiner Blumen jedes Juwel wert ist, das die Erde geben könnte. Ein einziger Strahl des Lichtes, das ständig auf ihn scheint und immer heller wird, je höher der Jünger steigt, ein einziger solcher Strahl lässt allen Sonnenschein der Erde wie Dunkelheit erscheinen. Jene, die den Pfad wandeln, kennen den Frieden, der alles Verstehen übersteigt, die Freude, die kein irdisches Leid je vertreiben kann, und die Ruhe, die auf dem Felsen herrscht, den kein Beben der Erde erschüttern kann – den Raum im Innern des Tempels, wo für immer Seligkeit waltet.

Mabel Collins

LICHT AUF DEN PFAD

7. erweiterte Auflage,
186 Seiten, gebunden
ISBN 3-89427-206-6

Dieser Klassiker der theosophischen Literatur zählt mit zum Wertvollsten, was das spirituelle Schrifttum der letzten einhundertfünfzig Jahre hervorgebracht hat. Seine Entstehung verdankt es einem jener großen „Meister", die hinter dem Schleier der Zeit über der Entwicklung der Menschheit wachen.
Eines der ganz besonderen Juwelen der esoterischen Tradition, das unverkennbar von der Inspiration der „Meister der Weisheit" geprägt ist!

Annie Besant

DIE LEHRE DES HERZENS

160 Seiten, gebunden
ISBN 3-89427-227-9

Der esoterische Weg ist in seinem Anfangsstadium ein Pfad des Studiums und der Erkenntnisgewinnung. Die esoterische Philosophie ist um vieles umfassender und überzeugender als die Lehren der orthodoxen Religiosität oder der dogmatischen Kirchen. Der geistige Sucher wird in ihren Werken Inspiration und Aufklärung finden sowie glaubwürdige und überzeugende Antworten auf die großen Fragen des Lebens.

Wenn er jedoch diesen Weg viele Jahre oder Jahrzehnte gegangen ist, muss er den Pfad des Lernens verlassen und den Pfad des Herzens betreten. Ist dieser Augenblick gekommen, so sollte er dieses kleine Buch über „Die Lehre des Herzens“ zur Hand nehmen. Es wird ihm ein unvergleichlicher Ratgeber auf dem Pfad ins Licht sein. Ein Schlüssel, um die Pforte des Herzens zu öffnen, durch die allein der Weg ins LICHT führt.

Ein Meisterwerk der esoterischen Literatur, das allerdings nur mit dem Herzen wirklich verstanden werden kann!